북중 변경 르포, 1300

2016년 4월 25일 초판 1쇄

펴낸곳 책밭

펴낸이 유광종

책임편집 이동익

디자인 윤종욱

출판등록 2011년 5월 17일 제300-2011-91호

주소 서울 중구 퇴계로 182 가락회관 6층

전화 070-7090-1177

팩스 02-2275-5327

이메일 go5326@naver.com

홈페이지 www.npplus.co.kr

ISBN 979-11-85720-26-5 03300

정가 14,000원

ⓒ신창섭, 2016

도서출판 책밭은 ㈜늘품플러스의 출판 브랜드입니다.
이 책은 저작권법에 따라 보호받는 저작물이므로 무단 전재와 무단 복제를 금지하며,
이 책 내용의 전부 또는 일부를 이용하려면 반드시 저작권자와 ㈜늘품플러스의 동의를 받아야 합니다.

※ 이 책은 삼성언론재단 언론인 저술지원사업의 지원을 받아 제작되었습니다.

서문

어느새 2016년이다. 2015년은 분단 70년이라 해서 행사적 의미에서는 요란했지만 통일문제에서 가시적인 성과를 남기지 못한 채 흘렀다. 그중에서도 2015년 기억할 수 있는 남북 관련 성과는 10월에 어렵사리 성사된 금강산 이산가족상봉이라고 할 수 있다. 5·24조치 속에 그나마 다행이라고 할 수 있겠으나 고령화 때문에 소멸되어 가는 이산가족들의 처지나 분단 70년이라는 기나긴 질곡을 떠올리면 초라하기 그지없는 노릇이다.

대통령의 해외순방과 다자외교 무대 입성 등 다수의 성과가 있었겠으나, 우리의 통일정책이 국제회의 탁자에서 공감을 얻으며 새로운 통일준비의 제도적 틀을 보장받은 계기로 보기는 어렵다. 그럼에도 대박이니 뭐니 여망의 수식어는 요란했다. 말과 현실의 간극이 크고 그만큼 가슴에 실망만 크다는 것을 숨길 수 없다. 참으로 통탄할 일이다.

나는 통일문제를 생각할 때마다 서독 빌리 브란트Willy Brandt 정권의 핵심 정치인들을 생각한다. 빌리 브란트, 에곤 바Egon Bahr를 콤비로 하는 사민당 정치인들은 당시 분단 베를린 시청을 접수하면서 통일 접근의 새로운 발걸음을 시작한다. 다름 아닌 바늘구멍이라도 뚫는다는 의지로 인도적 고통만은 해결해야겠다는 확고한 신념이 강했다. 그 가치가 빛을 발한 것이 베를린장벽 건설이었다. 당시 베를린 시장이었던 브란트는 베를린장벽 구축 소식을 듣고 한걸음에 현장으로 달려와 부당성을 외쳤다. 동방정책의 설계자인 베를린 시청 참모 에곤 바는 백방으로 뛰면서, 비록 베를린장벽이 건설되기는 했으나 인도적 만남까지 단절될 수는 없다는 논리를 당시 베를린 지위를 좌지우지했던 미·영·불·소 4강에 호소했다. 또한 동독과도 별도 담판을 통해 이산가족문제를 해결했다.

이후 빌리 브란트, 에곤 바가 사민당 정권교체를 이룬 뒤 본격적인 동방정책을 실시하면서 동서독 교류의 물꼬가 트였다. 하지만 브란트 정권은 '동서독 화해'라는 정책으로 박수를 받기보다 당시 야당인 기민당으로부터 '나라 팔아먹은 놈들'이라는 비난을 듣는 등 혹독한 정쟁을 겪으며 정권을 내주었다. 그렇지만 동서독 교류정책은 통일의 그날까지 일관성 있게 유지되었다.

물론 동서독 방식을 답습하자는 취지가 아니다. 협상권을 갖고 있는 우리 정부 당국자들이 진정 통일문제 해법을 위한 의지를 얼마나 갖고 있는지 묻고 싶은 것이다. 북한이 폐쇄적이고 대화 상대가 못 된다는 논리로만 상황을 평가하기에 분단 70년이 너무 길지 않은가. 북한 핵문제 해결을 비롯한 한반도 평화문제 해법을 위한 6자회담 등 다자간 틀이 진정 유용하게 작동되고 있다고 보는가. 주변국 논리에 눈치만 보면서 우리의 갈급함을 제대로 호소하고 이해를 구하지 못하는 것은 아닌지? 통일문제가 잘 해결되길 바라는 국민의 입장에서는 착잡하기 그지없다. 월남하여 고향을 그리다 작고하신 아버지의 간절함을 생각하면 가슴이 시리다. 이산가족문제의 절박함을 위정자들은 미국이나 중국에게 간절히 호소해본 적이 있는가. 통일로 민족화합과 국운의 길을 연다면 우리의 자세나 인식이 근본적으로 달라지고 주도적이어야 할 것이다.

이 책은 바로 그 간절함에서 출발되었다. 작고하신 아버지는 실향민이었다. 내게 '함경북도 성진시 연호리 43번지'라는 당신의 고향 주소만 남긴 채 고향 방문 한 번 하지 못하시고 떠나셨다. 나 역시 가슴이 아프다. 기자인 아들에게 기대했던 아버지였으나 난 아무것도 할 수 없는 무능한 자식이었다. 화장한 아버지의 뼈를 강원도 동해안 천진 앞바다에 뿌리면서 조류를 타고라도 성진城津(현재는 김책시로 개명됨) 고향 앞바다까지 한 번 가보시라고 간절한 마음으로 울먹였던 그해 봄이 아련하다.

이렇게 개인사의 통증이 늘 체한 듯 몸에 남아 있었다. 그러다 2014년 하얼빈 근무를 계기로 북중 국경에 자주 발걸음하게 되었다. 아버지의 눈시울을 닦아드리고자 하는 여망의 순례였다. 단둥에서 훈춘까지 이렇게 저렇게 발걸음을 옮겼고, 중국 땅에서 북한을 바라볼 수 있었다. 단둥에서, 지안에서, 린장에서, 창바이 가는 압록강 강변에서, 두만강 카이산툰의 할머니를 만날 때도 아버지는 늘 내 곁에서 함께 한 듯했다. 이렇게 북한을 마주하니 아버지가 더욱 사무치게 그립다.

통일문제는 인도적인 차원으로 고통을 더는 문제에 집중하여 실마리를 찾아야 한다. 논리나 위원회 멤버가 화려하다고 통일이 성큼 다가오는 것이 결코 아니다. 이 시대를 책임지고 있는 선지자들에게 북한의 관문인 중국 단둥을 한 번 와서 현실을 보라고 주문하고 싶다. 대전환의 인식이 필요하고 공감대를 만들어야 한다. 통일은 정파의 표심에 관한 문제도, 권력의 자기기반 강화를 위한 도구도 아니다. 분단의 나이테를 세면서 기념식이나 여는 가슴 아픈 추억을 이제 청산하자. 너무도 긴 세월이 속절없이 흘렀다.

출간을 지원해준 삼성언론재단과 심상복 상임이사에게 감사를 전한다. 통일의 해법을 찾고, 통일을 염원하는 이들과 함께 하고 싶다.

2016년 새해를 앞두고 지안의 어느 여관방에서
신창섭

목차

1장

2장

3장

1장

선상에서

다시 발걸음을 단둥丹東으로 향한다. 인천항 국제선 부두는 언제나 중국으로 향하기 위해 모여든 많은 인파로 북새통을 이룬다. 마치 명절 때 우리의 고속버스 터미널을 연상시킨다. 두 손도 모자라 짊어지고, 끌고 가져가야 할 짐 보따리가 이만저만이 아니다. 인천-단둥 선박 노선은 중국 동북3성 진입의 중요한 노선으로 자리 잡았다. 동북3성으로 향하는 조선족이든, 백두산 관광에 나서는 한국인이든 단둥 경유 노선은 이제 대중화되었다. 사람들 발길이 잦다는 것은 그만큼 시간과 비용이 적게 들고 편리하다는 증거다. 먼저 개설된 인천-다롄大連 노선이 성황을 이루다 이제 침체한 걸 보면 분명하다. 다롄 노선보다 단둥이 단거리인데다 여러모로 편리하고 유용하기에 그런 것인가.

나도 그 대열에 섰다. 나의 발걸음은 북한과 중국의 국경을 탐사하는 대장정에 나섰다. 우리가 익히 알고 있듯이 북한과 중국 간 국경은 강으로 형성되어 있다. 1,300여 ㎞의 강으로 형성된 국경은 이례적이다. 백두산을 정점으로 서해로 흘러드는 강이 압록강이고 동해로 나가는 강이 두만강이다. 압록강이 두만강보다 더 길다. 또한 북한과 마주하고 있는 중국 땅은 랴오닝성遼寧省과 지린성吉林省이다.

이런 지리적 요건 속 단둥의 위치는 특이하다. 변방이라는 점도 그렇고 전략적 요충지라는 점도 그렇다. 압록강 하류에 자리한 랴오닝성 단둥은 중국 전체를 놓고 보면 변방도시다. 중국 입장에서는 변경이지만 북중 국경 관점에서 보면 압록강 하류에서부터 백두산을 거쳐 두만강으로 가는 출발점이다. 더욱이 북한으로 들어가는 관문이다. 단둥은 북한 신의주와 압록강을 두고 마주보고 있다. 이점이 단둥 전략의 핵심인 셈이다.

뱃고동이 울리고 배가 미끄러지듯이 항구와 분리되자 선내는 분주해진다. 선내로 반입된 그 많은 짐들 가운데 상당 부분들이 선내 구석구석에서 다시 펼쳐지면서 뭔가 작업이 빠르게 진행되고 있는 것을 볼 수 있다. 유심히 보니 면세점 구매 물품들인데 포장을 전부 뜯어 다시 박스와 배낭에 집어넣는 작업을 하고 있다. 면세점에서 포장해준 것을 일부러 다 제거하는 이유가 궁금했다. 그 이유를 금세 알아차렸다. 관세 부담 없이 세관을 통과하기 위해서다. 중국인들의 한국 명품 쇼핑 대열에 보따리상들도 합류한 셈이니 그 규모와 저변의 크기를 짐작할 만하다.

면세점 구매 명품의 포장을 뜯어 세관을 무사히 통과하기 위한 꼼수다. 쓰레기통에는 '텐디TANDY'의 1,420달러 가격표가 버려져 있다. 이 같은 작업을 하는 사람이 한둘이 아니다. 선내 구석진 곳이나 후미진 곳에서는 어김없이 2~3명씩 짝을 짓거나 혼자인 사람들이 작업을 서두르고 있다. 한국말을 건넸으나 답은 오지 않고 물끄러미 쳐다만 볼 뿐이다. 한족 중국인 보따리상들이다.

인천-단둥 노선은 한중 간 보따리 장사들의 중요한 생업 현장이었다. 그 현장을 한국인들이 누볐는데 어느 순간 상황이 달라진 것이다. 공교롭게도 현재 중국 부상론과 한국 위기론이 갑론을박되는 흐름 속에 보따리장수들도 한국인에서 중국인으로 교체되고 있는 것이다. 특히 중국인 보따리상들은 한국인들이 식품이나 공산품을 주로 유통했던 것과 달리 한국 명품을 중국으로 가져가고 있으며, 대부분 젊은 세대들이라는 점이 흥미롭다. 명품 가방들로 가득한 대형 가방이 족히 대여섯 되다 보니, 저 정도면 보따리상이 아니라 중소규모 무역상 아니겠는가. 이들 명품 가운데 일부는 중국 단둥을 통해 북한으로도 흘러들어간다고 한다.

6인실 이층 침대에 누우니 날짜선이 중국으로 변경되어 시각을 한 시간 늦춘다는 안내방송이 나왔다. 출항한 지 두어 시간 되었나. 칠흑의 밤바다가 출렁인다. 잠을 뒤척이다 플로베르Gustave Flaubert의 이집트 기행 『플로베르의 나일 강(그린비, 2010)』 두어 페이지를 읽다 그것도 신통치 않아 맞은편 젊은 친구에게 말을 건넸다. 옌지延吉로 가는 길이라고 했다. 자신은 보따리상은 아니고 안산에서 일하다가 회사가 망해 고향으로 돌아가는 길이라며 긴 한숨을 내쉬었다. 안산에서 목표만큼의 돈

을 모으진 못했고 고향 옌지도 경기가 예전만 못해 걱정이라고 토로했
다. 옌지는 한참을 돌아가야 하는데 왜 사서 고생하느냐고 말했더니, 그
는 귀향길에 짐이 많아 무게 제한에서 덜 엄격한 배편을 이용하게 되었
다고 한다. 가져가는 제품들을 처분하면 한 달 정도 생활비는 나올 것
같다며 씁쓸한 웃음을 지어 보인다.

잠시 머리를 식힐 겸 선내 홀로 나오니 여기저기서 웅성거린다. 중
국인들의 먹는 인심은 어느 자리에 가나 풍성하다. 출항 무렵부터 시작
된 먹자판과 술판이 여전히 진행 중이다. 한켠에서는 마작판이 벌어져
긴장감이 돈다. 조선족들도 한국 것에 향수를 느낀다고 하지만 역시 중
국 생활에 익숙해진 모습을 현장에서 쉽게 목격할 수 있다. 그들은 소주
보다 바이주白酒를 즐겨 마시고 화투보다 마작을 즐긴다.

조선족. 그들은 누구인가. 기근으로 절단 난 삶의 희망을 일구러, 일
제 학정을 피해, 혹은 독립운동을 위해 봇짐을 들고 압록강과 두만강을
건넜다가 해방 후에도 귀환하지 않고 중국 국적으로 살아가는 한국인
을 말한다. 이미 세대를 두어 번 거쳤다. 3세대들은 한국어에 덜 익숙하
고 한국을 바라보는 시선도 다르다.

선대가 가졌던 무조건적인 고향 의식은 많이 바랬다. 그걸 누구 탓
이라 하겠는가. 공간은 숙명이다. 언젠가 시베리아 열차를 타고 몇 날
며칠을 달린 적이 있다. 아득히 펼쳐진 벌판 위 작은 점 하나처럼 보이
는 집들을 보았을 때, 저들이 저기 거주하고 있는 것은 그 공간에서 태
어난 숙명 때문이라는 생각이 머리를 스쳤다. 지금 조선족들의 태생 역

시 할아버지, 아버지 세대의 공간 이전 때문이다. 공간은 그 점에서 운명적이다. 국적은 바꿀 수 있어도 고향은 바꿀 수 없다는 것 역시 고향론과 맞닿는 이치 아니겠는가.

조선족들이 우리들의 잊힌 역사 공간 만주에서 삶의 터전을 일구었고 지금도 현재 진행형이다. 물론 조선족들 역시 중국 개혁개방 속에 한국으로, 중국 칭다오青島로 새 터전을 옮기면서 그 수는 현저히 감소했으나, 그렇다고 뿌리조차 뽑힌 상태는 아니다. 북중 변경 답사를 가는 단둥행 배에서 그들을 잠시 더듬는 것은 북중 국경을 논하면서 그들의 이향과 고향이라는 역설을 생각해야 했기 때문이다. 고구려, 발해 고토古土 구석구석에 그들의 삶이 뿌리내리고 있다. 역설적인 이야기지만, 조선족들의 생활이 현재 동북3성에서 유지되고 있지 않았다면 과거 만주 땅에서 벌어진 항일투쟁과 민족 수난의 역사를 더듬는 일도 더 어려웠으리라 추측된다.

조선의 실학자 유득공이 절규하지 않았던가. 고려가 발해사를 기술하지 않은 탓에 발해는 역사 속에서 지워졌다고. 우리 역사상 가장 광활한 영토를 이룩했던 발해의 소멸은 미스터리지만 기록의 중요성을 일깨우는 유득공의 지적은 오늘의 역사론에도 유효하다.

베갯머리를 서너 번 뒤집는 뒤척임 속에 문틈으로 날이 밝아왔다. 많은 사람들이 배 우측 난간에 나와 아침 공기를 마신다. 그러고 보니 오른편으로 북한이다. 밤새 배는 황해도 평안남도를 거쳐 이제 평안북도 앞바다를 지나면서 단둥항으로의 여정을 재촉하고 있다. 눈앞에 보이는 섬은 북한 섬 신도다. 단둥항의 거대한 크레인도 시야에 잡힌다.

우리는 이렇게 북한을 바라볼 수밖에 없다. 5·24조치가 엄존하는 남북교류의 현실이다. 그나마도 북한 땅을 먼발치에서나마 바라볼 수 있는 곳이 중국 땅이다. 역사적으로 애증이 겹쳐 있고 지금까지도 미묘함이 흐르는 중국 땅에서 북한을 바라보는 심경은 착잡함 그 이상도 이하도 아니리라. 그럼에도 북중 변경의 길을 따라가는 것은 북중 변경이 향후 통일 국면이나 특이상황 발생 시 매우 중요한 경계선이기 때문이다. 주마간산의 차창 밖 풍경에 대한 지루한 기술이 될 수도 있고 막연한 기대감의 표현일 수도 있겠지만, 지금 순간 북중 간의 모습을 있는 그대로 바로 본다는 것 자체가 통일 그림을 그리는 데 유효한 자료가 되리라는 믿음이 단둥 페리에 내 몸을 싣게 했다.

개인의 삶이 그러하듯이 통일도 공짜로 확보되는 것은 아니다. 더더욱 담판 승부나 지도자들의 결단만으로 가능한 것도 아님을 독일 통일의 교훈에서 충분히 배운 바 있다. 중요한 것은 지금 남북관계의 현상이 어떤 시각으로 봐도 정상적인 모습이 아니라는 점이다. 그 어떤 국가적 과제보다 시급한 민족사의 연장인 셈이다. 우리의 외교정책도 이제 통일정책으로 전환해 한반도와 주변 관련국과의 좀 더 심도 있는 협력과 대화가 필요하다. 특히 북한의 인도적 문제야말로 이대로 방치할 수 없는 부끄러운 일이다.

중국의 개혁·개방 정책 실행 후 북중관계, 남북관계의 모습이 어떻게 진화해 왔는지도 살펴봐야 한다. 북중 변경의 경계상태를 비롯해 탈북자 문제들도 많은 변화를 거쳐 왔다. 중국은 그 사이 강대국으로 발돋움했다.

우리는 일본과 중국을 근거 없이 과소평가하거나 편협한 시각으로 바라보기도 한다. 하지만 그런 인식으로는 통일문제에 제대로 접근할 수 없다. 공감대를 도출해낼 수 없다. 현실은 냉혹하고 국제정세는 더욱 차갑다. 우리가 잠시 부유했던 시절 중국을 어떻게 보았고 지금은 어떤 태도를 취하고 있는지 냉철하게 짚어봐야 한다. 그것은 북중 간 최대 변경도시로서 전략적 가치의 상종가를 치고 있는 단둥이 우리에게 던지는 질문이기도 하다. 한편으론 단둥에 대한 시각을 정립하고 북중 변경으로 시야를 확대해 통찰할 수 있는 통일문제 접근의 대전환에 대한 촉구이기도 하다.

단둥항 세관을 나서니 바람이 차다. 영하 40도의 심야 추위가 문풍지를 얼게 했던 하얼빈哈爾濱에서의 자취 시절이 스친다. 불과 1년 전이

북한 비자

다. 우연인지 필연인지 하얼빈에 위치한 중국 《CCTV. com 한국어방송》에서 일했던 시절, 동료들과 함께 단둥을 취재하러 갔던 일도 떠오른다. 이 혹독한 땅은 세계 최고의 곡창지대로 막대한 농산물을 쏟아낸다.

겨울이 길고 태양의 계절이 짧은데도 땅이 비옥해서 농사가 잘 된다니 의아하기만 하다. 고난의 혹독함이 비극만은 아니다. 만주 땅이 내게 가르쳐준 교훈은 성경 욥기Job의 교훈과 맥락을 같이 한다. 결국 단련이 필요하다는 것을 온기 없는 단둥역 버스에서 잠시 생각해 본다.

단둥을 드나든 건 수차례지만 이번만은 그날을 분명하게 적어두고 싶다. 12월 7일. 12월 7일을 망각할 수 없는 것은 내 삶에 먹구름이 짙게 드리우던 날이기 때문이다. 참으로 춥고 긴 고난의 시절이었다. 그리고 수년 만에 다시 오른 단둥행 배 안에서 그날을 회상하면서, 결국 지긋지긋한 고통을 이겨냈음을 실감하며 환희를 만끽하고 있다.

이제 난 교육부 공무원으로 인생 2막을 다시 시작한다. 그리고 지금까지 난파한 조각배의 동력이 멈추지 않게 물심양면 힘이 되어준 K에게 이 책을 바친다. 그 헌사로 나의 북중 변경 출발을 대신하고 싶다.

왜 단둥인가

구글Google 지도에서 단둥丹東을 입력해 보자. 서해 안쪽 깊숙이 위치한 단둥은 압록강 하구에서 신의주와 마주하고 있다. 중국과 북한의 국경지대 맨 아래쪽에 위치한 셈이다. 중국과 북한의 국경은 1,376㎞에 달한다. 이 가운데 단둥과 접하는 국경이 3분의 1정도 차지한다. 특히 단둥과 북한은 압록강을 국경으로 두고 있는 점이 특징이다.

이제 시선을 지도 아래에 두면 단둥에서 인천은 그리 멀지 않다. 지도의 크기를 축소시켜 보면 단둥과 인천은 충분히 한눈에 다 들어온다. 실제 단둥과 평양 사이의 거리는 약 240㎞이고 단둥과 서울 사이의 거리는 약 420㎞다. 저녁엔 단둥-인천 간 페리에 승선하면 아침이면 땅을 밟을 수 있다. 뱃길로만 따지면 통일 국면에 인위적인 통제상황이 전개될 현재 휴전선보다는 단둥-인천, 단둥-평택 뱃길이 유용할 것이다. '단둥-평양-개성-서울'로 이어지는 거리보다 단둥에서 뱃길을 이용해 인천으로 가는 길이 더 빠를 수 있다는 계산이다.

　국경지대는 변방의 이미지가 있다. 실제 주민들은 중심부에서 멀리 떨어져 살기 때문에 곳곳에 한적한 개활지가 많다. 그러나 단둥은 이런 변방의 이미지와 정반대다. 많은 나라와 국경을 접하고 있는 중국의 국경도시 가운데 가장 규모가 크고 번창한 도시다. 단둥 인구는 250만 명에 육박한다. 1980년대부터 개발에 박차를 가한 단둥은 압록강변을 따라 현대식 마천루가 즐비하다. 결코 변방의 분위기를 찾을 수 없다. 수로, 육로가 열리고 물자와 사람이 붐빈다. 바로 맞닿은 신의주와는 완전히 대조적인 모습이다.

　한편 단둥은 강과 바다를 동시에 접하고 있는 요충지다. 중국 동북 3성에서 바다로 나서기 위해서는 단둥으로 나와야 한다. 이 같은 지리적 위치는 남북관계에서 매우 중요한 전략적 거점으로 활용될 수 있다. 바로 이 '거점적 물목'이란 점이 단둥을 주목해야 가장 큰 이유다. 역사적으로 단둥은 우리 땅이었다. 장구한 역사에서 중국으로 편입한 기간보다 우리 땅이었던 기간이 더 길다.

　안동항은 1903년 대외 개항한 뒤, 압록강 수운의 발달에 의해 유역의 물자 집산지로 발전했다. 1931년에 만주사변이 발발하자 즉시 일본군에 점령되었고 만주국은 1934년 안동성安東省을 신설, 안동현을 성도로 정했다. 1937년 안동현은 안동시로 승격했으며, 이때 많은 일본 기업이 안동에 진출했다. 1945년 일본의 항복 후 중국 공산당군이 접수했으며, 한국전쟁 때는 중국인민지원군의 병참 전선이 되었다. 1965년 안동시는

만포–지안 철교

단둥시로 개칭되었다. 우리 고대사부터 현대사에 이르는 길목이 단둥이었다. 단둥은 다시 한 번 통일이라는 대전환의 역사에서 물목 역할을 할 것인가? 한반도 통일의 대문이 열리는 새날을 단둥의 소문이 열 것인가?

중국과 북한 간을 연결하는 다리와 도로는 모두 아홉 군데인 것으로 알려진다. 신의주-단둥철교, 만포-지안集安철교, 중강-린장臨江도로교, 삼봉-카이산툰開山屯철교, 남양-투먼圖們철교, 회령-싼허三合도로교, 경원-사퉈즈沙坨子도로교, 원정리-취앤허圈河도로교, 온성-투먼圖們도로교 등이다.(이옥희, 2011) 이들 공식 교통로 가운데 가장 크고 교통량이 많은 곳이 신의주-단둥철교이다. 북한 대외교역량의 70퍼센트가 이곳을 통과한다. 단둥에서 평양으로 향하는 열차가 매일 떠난다. 압록강철교 아래쪽 신압록강대교는 2014년 9월 완공되었다. 단둥은 북한의 접경도시 신의주를 마주하고 있으며 평양까지 철도가 연결되어 있다. 교통 인프라가 가장 잘 조성된 지점이다.

여기에다 단둥을 중심으로 다롄大連과 고속도로와 철도망이 있고 단둥에서 선양瀋陽, 창춘長春, 지린吉林 등 동북3성 지역도 고속도로와 철도망으로 사통팔달四通八達 잘 연결되어 있다. 다롄에는 한국을 오가는 페리 정기선이 있고, 선양에는 한국 직항 비행기도 있다. 이처럼 단둥이 내륙과 바다, 중국 내부와 외부를 연결하는 교통의 교차로이자 요충지에 위치하고 있음을 분명히 확인할 수 있다. 대북관문이자 중국 동북3성으로 진입하는 길목인 셈이다.

이 같은 단둥의 지리적 요충을 향후 닥칠 가상 시나리오에 대입해서 설명해보자. 통일의 모습이 어떤 형태나 성격으로 올지 단정 지을 수 없지만 부분적으로 대량 난민을 동반한다는 사실은 독일 통일 과정에서도 증명된 바 있다. '북한 붕괴'라는 대전환의 국면이 오면 일시에 많은 사람들이 북한을 탈출하려 시도할 것이고 이 경우 통제상황의 휴전선은 탈출로가 될 수 없다. 분명 많은 이들이 중국과의 국경을 통해 탈출을 시도할 것이다. 함경도 지방은 예외일 수 있겠으나, 이쪽도 강을 건너야 한다. 그 와중에 북중 간 국경 경비가 완화되면 가장 손쉽게 통과할 수 있는 단둥으로 몰려들 것이다.

이와 같이 많은 북한 사람들이 한 번에 몰릴 수 있는 통로는 단둥이 최적합지다. 일단 단둥에 도착하면 갈 수 있는 선택지가 대폭 늘어난다. 특히 한국행은 더더욱 쉽다. 앞서 언급했지만 단둥-인천 간 페리는 바다 위에서 하룻밤이면 오갈 뿐 아니라, 한 번에 많은 인원이 승선할 수 있는 이점도 있다. 단둥의 상황이 여의치 않으면 한 시간 거리에 있는 다롄으로 가도 된다. 이런 교통의 중요성은 남북관계 돌발상황 시 북한 난민들의 경로로 그대로 활용될 것이다. 이러한 점들이 더욱더 단둥을 북한 붕괴 후, 혹은 남북통일 후 가장 매력적인 난민 집결소로 부상시키고 있다.

단둥은 통일의 교차로가 될 것이다. 유사시 국면을 안정적이고 효율적으로 관리해야 하는 한국 정부 입장에서도 단둥항에 선박들을 정박시키고 이들 북한 난민을 한국으로 안전하게 수송할 수 있다. 이처럼 단

둥은 통일의 대서곡을 알려줄 첫 번째 장소로 우리의 가슴을 뛰게 할 것
이다. 단둥을 새롭게 인식하고 다각도로 대비해야 하는 이유가 바로 여
기에 있다.

북중 최대 변경 도시, 단둥

　단둥, 중국 도시들 가운데 우리에게 익숙한 지명은 아니다. 오래된 역사적 고도도 아니고 역사적으로 특별한 기록이 있는 도시도 아니다. 우리에게 본격적으로 알려진 것도 그리 오래지 않다. 아마도 인천-단둥 페리가 개통되면서 많은 사람들이 왕래하기 시작했을 것이다. 도시의 나이로 보면 신생도시다. 지명도 '안둥'으로 불리다 1960년대부터 '단둥'으로 불렸다.

　단둥은 서해 가장 깊숙한 곳에 위치하고 있다. 중국과 국경을 맞대고 있는 많은 국경도시 중 단둥은 단연 가장 번성한 도시다. '단둥'이란 지명은 '변영'과 동일어로 빠른 시간 내에 급성장한 안둥의 새 이름으로 적합한 셈이다. 이전까지만 해도 압록강 하구 작은 갯마을이었던 단둥은 항구의 명성이나 역할에서도 다롄 등과 비교해 한참 밀렸지만, 이제는 그렇지 않다. 단둥은 무섭게 변했고 지금도 변화 중이다. 그 배경

압록강단교 교각

에는 북한이라는 변수가 있다. 단둥은 북한과 압록강을 두고 마주하고 있다. 단둥은 압록강의 하류 도시이자 압록강 기준으로 보면 첫 번째 북중 국경도시다. 때문에 북중 변경 답사길을 압록강에서부터 출발하려면 단둥에서 시작해야 한다.

이쯤에서 지도를 다시 펴보자. 단둥은 서해의 내해 북중 경계상에서 신의주와 맞닿아 있다. 지도상으론 중국과 꽤 떨어져 있지만 북중 양국 간의 가교임을 확인할 수 있다. 압록강과 서해가 만나는 길목에 위치해 있다 보니, 인천에서 출항한 배 위에서 보면 우측 북한 수역을 따라가는 끝지점이기도 하다. 인천에선 페리로 15시간이 걸리고, 다롄에서 300㎞, 선양에서 240㎞ 거리에 있다. 뿐만 아니라 2014년 8월 선양-단둥 간 고속철도가 개통되어 이동 시간이 기존 3시간 반에서 1시간으로 단축되었다. 단둥이 북한으로 가는 최대 길목임을 생각했을 때, 이처럼 발달된 교통 인프라는 우리에겐 호재일 수 있다.

실제로 단둥에 도착하면 북한은 지척이다. 압록강과 신의주를 세 개의 다리(현재 통행 가능한 압록강철교, 전쟁 시 폭파된 압록강단교, 그리고 2014년 완공 후 미개통 상태인 신압록강대교)로 연결하고 있으며, 북중 간 접경도시 중 이러한 규모의 교량으로 연결된 도시는 없다. 특히 일제가 만주 진출을 위해 건설한 신의주 압록강철교는 100년이 넘는 역사를 지탱하고 있으며, 여전히 북중 간 중요한 교통로 역할을 하고 있다.

단둥역에선 매일 아침 평양행 열차가 경적을 울리며 출발한다. 열차는 신의주를 경유해 평양에 도착한다. 또한 선양-단둥 고속철도 개통으로, 단둥-서울 간 거리가 서울-부산 간 거리보다 가까워졌다. 단둥은 그렇게 우리와 지근거리에 있다.

2014년 단둥에는 신압록강대교가 완공되어 개통을 기다리고 있다. 신압록강대교는 기존의 협소한 압록강철교를 대신할 자동차 전용다리인데, 중국이 투자해 완공시켰다. 이는 향후 북중관계를 상징한다. 북한 개방과 교역을 염두에 둔 중국이 건설한 것이기 때문이다. 그러나 하늘로 치솟은 주탑으로 상징되는 신압록강대교는, 아직 개통되지 못하고 있다. 중국 관점에서 신압록강대교가 가진 의미를 면밀하고 냉철하게 봤을 때, 개통시기는 그렇게 급한 일이 아니다. 그러니 아직 개통되지 않은 신압록강대교를 두고 실패니 뭐니 극단적 판단은 유보하는 것이 좋다. 세상일이 그렇듯 다리가 놓였으니 언젠가는 열릴 것 아닌가.

단둥에서 목격할 수 있는 또 하나의 포인트는 대對북한 교역에서 중국이 주도권을 쥐고 있다는 점이다. 단둥은 북중 교역 물량의 70퍼센트를 처리하는 무역기지다. 북한행 물자는 모두 단둥에서 처리되고 단둥 세관을 통과한다. 오전 11시 45분경이면 압록강철교 위엔 대형 화물차뿐만 아니라, 심지어 굴삭기까지 줄을 잇는다. 다리를 건너는 데만 1시간 이상 지체될 때도 있다. 이렇게 신의주로 들어간 차량들은 오후 4시면 어김없이 다시 단둥으로 돌아온다. 이것이 대북 교역의 실제 모습이다. 때문에 단둥역 근처에는 물류회사와 창고들이 즐비하다. 5·24조치로 인해 남한은 북한과의 교역을 제한한 상태이며, 개성공단만 간신히 명맥을 유지하고 있다. 그러나 5·24조치가 남북 간 교역과 왕래를 봉쇄한 것은 사실이지만 북중 간의 교역을 막은 것은 아니다. 이 때문에 북중 간 교역은 오히려 늘고 있다. 그 통로가 바로 단둥이다. 5·24조치가 단둥 교역으로까지 봉쇄하지는 못했다.

그렇다면 두 가지 사실이 분명해졌다. 남북 교역의 봉쇄로 북중 간 교역이 증가세이고 대북 교역을 중국인들이 핸들링하고 있다는 것이다. 이전만 해도 중국은 대북 무역의 중계기지로 여겨졌다. 남한의 물자를 북한으로 가져가는 데 중국의 중간상 역할이 컸다. 그런데 5·24조치 이후 중국의 역할이 중간자에서 당사자로 바뀌었다. 실제 중국 단둥에서 대북 교역을 하던 많은 한국인들이 짐을 쌌지만, 중국인들은 그만큼 일거리가 늘었다.

현재 대북 상황을 남북 관점에서만 보면 온통 막힌 상태겠지만 단둥에서 보면 활력이 넘친다. 마치 한쪽을 막으면 다른 쪽이 부풀어 오르는 풍선효과처럼 말이다. 북한이 남북 간 단절의 대안으로 중국 창구를 더욱더 활용하고 있고 그 활용의 이면에는 단둥의 지리적 위치가 한몫하고 있는 것이다. 안타까운 일이다. 남북 교역의 활성화가 향후 교류 및 왕래의 지렛대 역할로 작용할 터인데 그것이 일시에 단절된 것은 바람직한 모습은 아니다. 그 공백을 중국이 메우고 더욱 공고히 해나가는 것 역시 경계심을 갖고 바라봐야 할 대목이다. 가뜩이나 대중국 의존도가 높은 상황에서 북한의 중국 쏠림현상이 심화되고 있는 것이다. 우리가 가장 역동적인 대북 무역의 현장인 단둥을, 5·24조치로 인해 발목이 묶인 채 방치해선 안 되는 이유이기도 하다.

단둥은 사람들로 붐비고 있다. 다양한 '코리안'들이 둥지를 틀고 있다. 5·24조치와 장성택 처형 이후 한국인들의 동향은 다소 약화됐지만 조선족이나 중국 내 북한인, 그리고 북한 노동자들이나 무역일꾼들의 움직임은 여전하다. 단둥 시내 조선민속거리는 모든 코리안들이 만나는 시장이다. 북한 출신이나, 한국이나, 중국인이나 상관없이 가게를 열고 장사를 하고 있는 융합의 장소다. 단둥 시내 코리아타운 '한국성'과는 성격이 좀 다르다. 조선민속거리에서 코리안들은 자유롭다. 북한 사람들이 한국 가게를 드나들고 한국인들도 북한 가게를 드나든다. 의식하고 회피하는 풍경은 찾아볼 수 없다. 단둥역 근처에서도 이런 모습은 진기한 일이 아니다. 마치 통일 이후 한반도의 모습이 연상된다.

북한 입장에서도 단둥은 중요한 거점이다. 북한은 베이징北京대사관뿐만 아니라 선양과 단둥에도 영사관을 두고 있다. 때문에 강변을 따라가다 보면 북한 음식점을 어렵지 않게 발견할 수 있다. 오후 나절엔 강변을 산책하는 한 무리의 젊은 여성들도 만날 수 있다. 단둥으로 외화벌이를 나온 북한 여성노동자들이다. 단둥 내 북한식당뿐 아니라 중국식당에서도 북한 여성들이 외화벌이를 하고 있다. 물론 북한의 통제를 받곤 있지만 이들의 태도나 언행은 상당히 개방적이고 활력 넘친다. 이들처럼 단둥의 이런저런 공장, 상점 등에서 외화벌이에 나선 북한 노동자들은 수만 명으로 추산된다. 단둥에서 북한은 상수다. 북한을 빼고 비즈니스를 생각할 수 없고 교역을 생각할 수 없다.

이 같은 특수성 때문에 단둥은 각국의 치열한 첩보장이 되기도 한다. 신압록강대교 배후도시인 신성新城구엔 일본 거리가 조성되었다. 그

만큼 위상이 달라지고 있다는 것이다. 일본이 패망 이후 이렇게 동북지방에 집단 상가시설로 자리 잡는 것은 처음인 셈이다. 북중 간 휴대폰이 처음으로 개통된 곳도 단둥이다. 지금도 수백만 대의 휴대폰이 단둥을 통해 북한으로 들어간다. 이미 단둥에서 북한 사람들과 소통할 수 있다는 말이다. 휴대폰 요금은 중국에서 채워주면 되기에 아무런 문제가 없다.

단둥은 중국 개혁개방 이후 남부의 선전深川처럼 개방도시로 지명되어 정책적으로 성장했다. 지금은 그야말로 200만 인구를 거느린 상전벽해의 모습이다. 이러한 급성장 이면에는 역시 북한이란 변수가 작용했다. 중국의 대북 최전선 창구로서, 북한 주재 중국대사로 임명되면 가장 먼저 단둥을 찾아 현지 동태를 살피는 이유이기도 한다.

단둥 민박집 거실에선 신의주가 훤히 보인다. 창밖으로 보이는 신의주는 그 어떤 풍경보다 평화롭다. 북중 간 국경지대 중 단둥처럼 평온한 지역도 드물다. 압록강 저편으로 지는 일몰을 배경 삼아 압록강맥주를 한잔 마시면 깊은 상념에 잠기기에 충분하다. '광복 70주년, 분단 70년'이었던 2015년에도 여전히 타자의 땅에서 북한을 바라만 볼 수밖에 없다니, 단 하루짜리 신의주 관광도 할 수 없다니, 이것이 '한반도의 현주소'라는 대목에 이르면 가슴이 답답해진다. 그 어떤 화려한 말들이 필요한 것인가. 말로야 원대한 꿈을 못 이루고, 탁자에 앉아 무슨 도면을 못 그리겠는가. 현실을 직시하자. 바늘구멍이라도 뚫는 북한과의 교류가 현재 진행 중인 것인가. 외길이라도 길을 열고 기회를 만들기 위한 모멘텀을 활용하려는 의지가 없으면 통일은 그저 말로만 대박이다. 그럴 경우 그 말은 허언虛言이 된다.

도시의 정주 여건과 활동 여건이 개선되면서 관광객들이 단둥으로 몰려들고 있다. 특히 압록강철교를 비롯한 한국전쟁 관련 장소는 인기 관광지다. 그러나 6·25 당시 동강난 압록강단교 중국 측 끄트머리에 서면 신의주는 바로 코앞에 있고 유유히 유람선이 물살을 가르는 압록강은 너무도 저린 풍경이다. 분단의 곡절을 아는 나그네의 가슴을 뭉갠다. 아픈 현장이다.

북중 국경 답사를 단둥에서 시작하는 이유이기도 하다. 이렇게 우리는 어디에서도 조망할 수 없는 북한을 육안으로 바라보면서 북중 접경길을 나선다. 직통길이 막혔을 때 우회로에서 길을 찾는 지혜를 구하는 갈급한 심정도 있다. 우리가 북한을 바라보고 상념에 젖는 이 아이러니에는 물론 조선–중국 간 과거 기나긴 역사의 곡절도 있다. 문제는 조선은 분단되었고, 중국은 과거의 어둠을 딛고 일사분란하게 번영을 구가하는 일대일로에 있다는 것이다. 중국 땅에서 바라보는 북한의 발걸음도 그렇게 자유롭지 못하고 이전만 못한 게 현실이다. 그게 중국의 오늘이다. 그러나 결국 바늘구멍이라도 찾는 심정으로 다가간다. 독일 통일 국면이 타국에서 그 실마리가 되었다고 하니 우리도 앞날은 모르는 것이다.

단둥은 그래서 중요하다. 그리고 이것이 단둥에서 북중 접경 여정을 나서는 소회이기도 하다.

코리안 융합의 교차로, 단둥

단둥 시내엔 조선, 혹은 한국의 민속거리가 조성되어 있다. 쉽게 말하자면 코리아타운이다. 상대적으로 단둥에 거주하는 한국인이 많은 편은 아니지만 코리아타운이 형성된 데는 나름 이유가 있다. 특히 전 세계에 조성된 코리아타운과 다른 면모를 보여주고 있다. 통상 '코리아타운'하면 그 지역에 이주한 한국인들을 중심으로 상권이 형성되는 게 보통이다. 미국 로스앤젤레스Los Angeles도 그렇고 유럽의 한국 상가 밀집지역도 그렇다.

하지만 단둥은 다르다. 단둥엔 이른바 '코리안'이라고 부를 수 있는 네 가지 집단이 있다. 말 그대로 이런저런 이유로 한국에서 건너온 한국인, 조선족, 북한에서 건너온 탈북자 내지 사업가, 그리고 마지막으로 북한 화교라고 칭하는 중국 속 북한인이다. 단둥을 인류학적 관점에서 연구한 강주원의 저서 『나는 오늘도 국경을 만들고 허문다』에 따르면, 이들 네 부류가 코리안 그룹을 형성한 것은 1990년대 중국이 개방을 하고서부터다. 역사적으로 봐도 단둥은 오래된 고도가 아닌 신흥 도시다. 압록강을 두고 신의주와 맞대고 있지만 이전에는 신의주에 비해 대외적 명성이나 지명도가 떨어졌다. 그러나 중국이 개방하기 시작하면서부터 상황이 달라졌다. 이 시점이 코리안들이 단둥에 자리 잡기 시작한 때이기도 하다.

이처럼 조선민속거리에서 가장 먼저 눈에 들어오는 것은 상점들의 간판이다. 한국 간판을 비롯해 북한식 표현의 간판, 조선족 간판 그리고 중국 간판 등이 한데 어우러져 있다. 간판은 주인의 정체성을 나타내기도 한다. 네 부류의 코리안들은 서로 공존하며 아무런 문제없이 가게를 운영하고 사업을 영위하고 있다. 물론 이곳을 이용하는 이들에게도 아무런 장애나 차별은 발생하지 않는다. 한국 상점 주인의 증언에 따르면 이전에는 북한에서 건너온 무역상들이 한국 상점에서 물건을 사려고 먼발치부터 사방을 둘러보다가 눈에 띄지 않게 재빨리 뛰어 들어왔다는 것이다. 이제는 그럴 필요가 없다. 한국 식품가게에 북한 무역업자들이 들러 김치를 사가기도 하고 북한 냉면집에서 한국인이 냉면을 맛보기도 한다. 단둥 조선민속거리에 한 민족이 한데 모여 둥지를 틀고 더불어 살고 있는 것이다.

한편 장성택 처형 이후 북한 사업 라인들이 망했을 거라 예상되지만 반드시 그렇지만은 않다. 분명 조선민속거리가 일견 한산하고 조금은 처진 분위기처럼 보이지만 손님을 상대로 한 장사 외에 만만치 않게 번성한 무역업도 무시하지 못한다는 게 이곳 정보에 정통한 이들의 귀띔이다. 사방으로 수백 미터 늘어선 조선민속거리의 식당, 인삼가게, 숙박업소, 편의점, 병·의원 등 다양한 상점들을 일일이 열거할 수는 없지만, 요체는 '공존'이라는 상생모델을 보여주고 있다. 외견상 드러나 보이는 마찰이나 불협화음도 없다. 이는 나름대로 묵묵히 자신의 분야에서 열심히 해 나간다는 것이다. 코리안타운 특유의 상호 간 질시나 견제 같은 이야기는 좀체 듣기가 힘들다.

이 같은 풍경은 단둥 시내에서 고스란히 볼 수 있다. 압록강변을 따라 능라도, 류경식당 등 북한식당이나 호텔이 밀집해 있고 그 언저리에 한국인들이 운영하는 식당이 즐비하다. 조선족들이 운영하는 식당 역시 단둥 시내 곳곳에 자리 잡고 있다. 옌볜에서 건너온 전주비빔밥집은 성공한 조선족 체인점으로 문전성시를 이룰 정도다. 더욱이 이전에 한국인들이 호기심을 갖고 일종의 '별미 체험' 목적으로 북한 냉면집을 찾았다면, 지금은 그저 식사를 위한 식당 중 하나로 여기고 있을 정도로 서로에 대한 이질감이 많이 사라졌다. 주민들에 따르면 북한 음식점에서 한국 손님을 특별히 반기는 것도 아니고 그 역도 마찬가지이라고 한다.

여기서 간과해서는 안 될 대목은 대부분 단둥의 코리안들에겐 북한이라는 공통분모가 있다는 점이다. 무역업을 위해 북한에서 건너온 사람들뿐만 아니라 한국인들 역시 북한과 연관된 다양한 일을 하고 있다. 조선족 역시 마찬가지다. 북한과의 직간접적인 거래를 위해 단둥에서 활동하고 있다. 그러니 북한 경제의 동태가 단둥 코리안들에게 직접적인 영향을 미치는 것은 당연하다.

민박집 역시 조선족이 운영하는 집이 있고 한국인이 운영하는 집이 있지만 손님들은 주인의 출신을 굳이 묻지 않는다. 북한이 지리적으로 인접하고 있다는 변수를 제쳐 놓고 단둥에서 코리안을 이야기하기란 쉽지 않다. 그리고 보면 북한의 이웃도시 단둥은 코리안 입장에서 회피할 수 없는 지역이다. 이러한 인식을 확장하면 단둥은 우리의 대북 접근 인식 속에 상수로 자리 잡을 수 있을 것이다. 중국과 북한의 관계가 조금 불편해졌다고 하지만 북한에게 중국은 여전히 내칠 수 없는 상수다. 압록강철교를 통해 물건이 드나들지 않으면 북한이 힘들어진다는 중국 종속경제구조 때문이다.

한편 한국에서 제조했든, 중국산이든, 상표가 무엇이든, 일단 북한행을 목표로 하는 물류들의 집합소는 단둥이다. 역으로 북한 역시 단둥을 그들의 중요한 창구로 여기고 있는 것이다. 단둥은 코리안의 융합점이고 북한이라는 좁은 문으로 향하는 기점이다. 사람은 만나야 한다. 만나야 이야기가 만들어지고 정보가 유통되고 활력이 넘치면서 개문에 대한 욕구도 강해진다. 인지상정이자 만고의 진리다. 지금 남북의 문은 굳게 닫혀 있다.

단둥은 만남의 장소로서 필요충분조건을 잘 갖추고 있다. 압록강과 두만강 국경에서 가장 잘 만들어진 다리가 있고 대량 이동이 가능하다. 단둥은 배후도시로서 준비가 잘 되어 있다. 중국은 전략적으로 단둥을 발전시켜 왔다. 북한은 아직 문을 닫고 있다. 우리는 그러면 어떻게 해야 하는가?

중국이라는 상수를 전략적으로 잘 활용해서 북한문을 여는 작업을 진행해 나가야 한다. 이미 자연스럽게 형성된 코리안들의 둥지를 활성화시키는 지혜도 필요하다. 단둥에 한인문화센터를 세워 구심점을 만들고 서로 긴밀하게 소통해 나가는 배려도 필요하다. 중국에서 코리안들의 만남의 장소로는 역시 단둥이 최선이다. 그런 만남은 상호 불신이나 차별적 시선을 지금 형성되어 있는 조선민속거리처럼 잠재우고 새로운 공동체를 만들어 나가는 밑알이 될 수 있을 것이다. 한데 어우러져 공존하는 모습을 있는 그대로 보여주는, 이른바 코리안 공존 모델이 바로 단둥인 셈이다.

단둥은 이미 미래 통일한국 사회의 실험을 진행 중이다. 통일을 이루는 데 더불어 하는 공존의식을 키워 나가는 것의 중요성은 새삼 강조해도 지나치지 않다. 이처럼 사회문화적인 융합의 기회와 장소를 폭넓게 확보해 나가는 것은 자연스럽게 서로의 진정성을 확보해 나갈 수 있는 통일의 지름길이기도 하다.

자유의 관문, 단둥

국경은 나라와 나라를 구분 짓는 경계선이다. 해당 국가에서 정한 일정한 조건을 충족해야 출입이 가능하다. 그렇기 때문에 늘 삼엄한 경비태세가 유지되는 곳이다. 하지만 한편으론 만남의 장소이기도 하다. 실제 서로 다른 이웃 국가의 주민들이 비교적 자유롭게 왕래하는 경우도 많다. 덴마크와 독일의 일부 국경도시에선 상대 국가로 넘어가 장을 보고 오기도 하며, '국경 허물기'를 통해 이웃처럼 지내는 주민들이 많다. 분쟁의 위험이 도사리고 있는 크림공화국과 러시아의 국경지역 주민들도 사태 악화 속에서도 여전히 오순도순 잘 지내고 있다. 이를 볼 때 그들에게 국경이라는 구분은 엄중한 경계의 공간이 아닌 만남의 공간으로 인식되고 있는 것이다.

중국 단둥과 북한 신의주 사이에도 이와 유사한 공간이 있다. 다만 두 도시 사이를 가르는 압록강이라는 큰 국경으로 인해 물리적인 왕래

북한의 민둥산들

가 쉽지 않은 것이 사실이다. 여기에다가 북한이 여전히 폐쇄적인 체제를 유지하는 것도 국경도시가 만남의 장소의 역할을 충실히 할 수 없게 만든다. 그러나 이러한 물리적 거리와 제약에도 불구하고 단둥과 신의주는 가까운 이웃으로 통한다.

단둥은 북한을 건너다 볼 수 있는 관문이자 창이다. 압록강철교를 중심으로 압록강 좌측에 밀집한 단둥의 고층 아파트 인근 한국 민박집은 지린성吉林省에서 단둥으로 건너와 제법 성공한 여呂 사장의 아파트형 민박집이다. 이곳 13층 거실에 앉으면 압록강과 신의주가 훤히 내다보인다. 이른 아침부터 저녁 북한의 소등시간까지 신의주의 하루를 육안으로 관찰하는 것은 아무나 할 수 없는 독특한 경험이다. 저녁엔 거실에서 압록강맥주 한 잔을 앞에 놓고 이야기하다 보면 어둠 속 강 건너 신

의주의 불빛이 하나씩 꺼지는 순간을 목격할 수 있고, 고요한 밤이라면 누군가의 고성도 충분히 들릴 만한 거리다.

민박집에서는 한국 방송을 시청할 수 있다. KBS 프로그램이 실시간으로 방송되고 있기 때문이다. 단둥 주민들은 한국 드라마와 뉴스는 물론 예능 프로그램까지 방송시간에 맞춰 시청하고 있다. 물론 빠르게 변하는 시대에 따라 인터넷이나 스마트폰으로 한국의 친척이나 지인들과의 소통도 가능하다. 당연히 단둥에 거주하는 북한 무역상이나 정보요원, 그리고 조선족들도 한국 방송 프로그램을 즐겨 보고 있을 것으로 추측할 수 있다.

언젠가부터 단둥 시내 상점에 드나드는 북한 사람들이 한국 방송으로 접한 물건이나 식료품들을 찾는 것이 유행이 되었다고 한다. 상점 주인들이 어디서 알고 찾느냐고 물으면 텔레비전에서 봤다고 응답한다는 것이다. 심지어 한국 방송 중 신제품 광고를 보거나 연속극에 유행하는 상품들이 등장하면, 어김없이 북한 무역상들이 찾으러 다닌다고 귀띔하는 주인도 있다. 이처럼 단둥에 나와 있는 북한 주민들은 한국인들과 큰 차이 없는 정보환경에서 살고 있다. 물론 북한 내에서 성분이나 출신이 좋은 사람들이 단둥에 나올 수 있지만, 이들 역시 사람인지라 자연스럽게 한국 문화에 익숙해져 가고 있다. 아마 처음에는 호기심으로 보고 들었겠지만 지금은 습관이 되어 간다고 할까. 이 같은 단둥 내 한국 방송 시청을 북한 당국이 통제할 수는 없는 노릇이다.

건너편 북한의 실상은 어떨까. 최근 들어 북한 주민들이 단둥 시내에서 가장 많이 찾는 물건 중 하나는 배터리다. 놀랍게도 북한 주민들의 배터리 구매가 급증한 이유가 바로 한국 드라마 시청 때문이라고 한다. 북한 내 전력사정이 좋지 않기 때문에 전력공급이 안 되는 심야시간에 배터리로 시청할 수 있는 비디오를 몰래 사용한다는 것이다. 마치 독일 통일 전 동독 상황을 연상케 하는 장면이다. 분단 당시 동독 주민들은 서독 방송 시청이 가능했다. 초창기 동독은 이를 철저하게 감시하며 통제했지만, 동독 주민들의 욕망을 잠재울 수는 없었다. 동독 주민들은 이슥한 밤, 지붕에 설치한 안테나를 통해 수신되는 서독 방송을 밤늦도록 시청하곤 했다. 메르켈Angela Merkel 현 독일 총리 역시 동독에서 살 당시 서독의 방송 프로그램을 즐겨 봤다고 회상할 정도다. 이 같은 정보의 월경越境은 동독 주민들로 하여금 서독에 대한 동경을 키우게 만들었으며, 동시에 자유에 대한 갈망을 극대화시켰던 것이 주지의 사실이다.

다시 북한 이야기로 돌아오자. 이처럼 음성적으로 북한 내에 흘러들어가는 것은 배터리뿐이 아니다. 현지에선 구하기 힘든 각종 전자기기들은 모두 들어가고 있다고 보면 된다. 심지어 한국산 제품은 단둥 현지에서 중국산 상표가 붙여져 북한 땅으로 반입된다. 텔레비전, 라디오, 스마트폰, DVD 등 북한 정권이 사상전 강화를 위해 반입을 금지하고 있는 물품들은 실질적으로 통제하지 못하고 있는 것으로 알려져 있다. 오히려 북한 주민들이 외부 정보에 대한 노출빈도가 많아지면서 북한 당국의 정보독점은 무너지고 있는 실정이다. 특히 접경지역의 경우는 더욱 두드러진다.

영국 《파이낸셜 타임스Financial Times》는 2014년 3월 11일자 기사에서 북한 혜산에서 탈북한 박주희 씨 이야기를 소개하면서, 현지 사정이 20년 전 '고난의 행군'으로 굶어 죽을 당시와 사뭇 달라졌다는 소식을 전하고 있다. 여성들은 한국산이나 일본산 의류와 화장품을 사용하는 데 큰 거리낌이 없으며, 혜산에서 열 집 가운데 일곱 집은 컬러텔레비전을 소유하고 있다고 한다. 백두산 인근 양강도의 중요한 접경지역인 혜산에 중산층이 급속하게 증가하고 있다는 것이다. 이는 혜산이 접경도시로서 밀무역이 성행하고 정보 왕래가 용이한 탓이 크다. 여기서 무엇보다 중요한 점은 평양에 거주하는 북한 지배층이나 권부 주변의 인민들만 독점하던 외부정보에 대한 진입장벽이 무너지고 있다는 점이다.

단둥 거주 조선족 A씨의 이야기를 들어보자. 그녀의 오빠는 북한 황해도에 거주하고 있다. 몇 해 전 집안 행사에 초청받아 단둥에 왔다가 돌아가는 길에 몇 가지 물품을 챙겨 주었더니 오빠가 하는 말이 "물건 말고 중국 돈으로 달라"고 하더라는 것. 돈만 있으면 물건은 얼마든지 살 수 있는데 지금 돈이 아쉽다고 말했다는 것이다. 그래서 급히 돈을 마련해 보냈는데 그 이후로도 계속 초청편지를 보내 달라고 졸라 부담이 되고 있다고 한다. 북한 주민들이 돈의 효용가치를 알고 "지독히도 돈을 밝혀" 이제는 친척이지만 초청하기도 부담스럽고 그냥 모른척하고 지낸다고 한다.

탈북자들은 국경지역으로부터 시작된 자유의 물결이 북한 전 지역에 바람을 일으키고 있다고 증언하고 있다. 김정은이 자신의 삼촌 장성택을 처형하면서 이 같은 물결을 차단하려는 의지를 과시했지만 궁극적인 해결책은 아니었다. 이미 '자유의 맛'을 본 주민들이 늘고 있는 것이 사실이다. 때문에 단둥은 분명 물자의 관문이자 자유의 관문 역할을 하고 있다. 여기에 매우 중요한 의미가 있다. 이미 단둥에 거주하는 북한 주민들은 세상이 완전 다르다는 현실을 깨달았고 이 같은 실정은 당연히 북한 내부로 빠르게 번지게 되어 있다.

그렇다면 우리가 해야 할 일은 무엇일까. 단둥에서 북한 사람들이 한국 방송을 상시 시청하고 있다는 점을 적극 활용, 이에 상응하는 북한 주민용 프로그램 개발이 필요하다. 과거 〈통일전망대〉식의 교양 프로그램보다 좀 더 열리고 흥미를 유발할 수 있는 예능 프로그램은 어떨까. 중국 당국이나 단둥시와 협의가 가능하다면 스마트폰의 통화 영역을 더욱 확장시켜 접경지역 어디서나 잘 들리는 기반시설 확충도 필요하다.

스마트폰이 모든 것을 대신해주는 전자기기의 총아인 현실에서 이를 통한 정보 확산은 매우 중요하다. 이에 따라 스마트폰의 보급을 위한 기반시설과 스마트폰 보급을 확대하는 전략도 필요하다. 그 거점으로서 단둥은 그야말로 안성맞춤이다. 단둥은 북한으로 난 자유의 창이다.

지금처럼 휴전선에 의한 전면적 봉쇄상황에서 우회전략으로 보내는 것이 지혜인 셈이다. 마치 모세의 기적The crossing of the Red Sea 이후 가나안Canaan까지 가는 길로 시나이 반도Sinai Peninsula를 돌아갔듯이 말이다.

단둥을 전자통신을 통한 북한 개방의 전초기지로 삼자. 이는 장기적 폐쇄국가였던 북한 주민들에게 상당히 큰 사전 학습 효과로 작용할 것이다. 먼저 그들이 전자기기를 통해 자유의 폐활량을 늘리도록 우리가 돕는 것도 중요한 통일준비다.

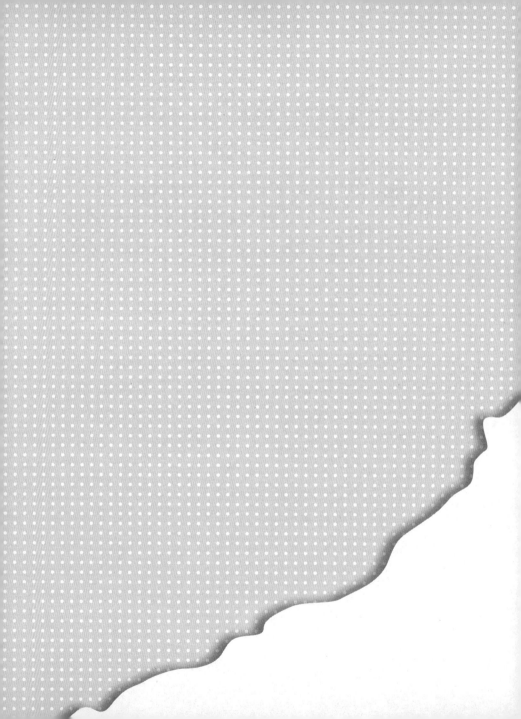

2장

단둥 궈먼완 호시무역구
國門灣互市貿區

단둥 사람들은 그곳을 신도시라고 부른다. 단둥 시내에서 강변도로를 따라 황금평黃金坪 방향으로 가다가 랑토우浪头 컨테이너 항구 고개를 넘으면 거대한 아파트단지가 나오는데, 그 좌측으로 신압록강대교가 서 있다. 이처럼 아파트로만 조성된 계획도시가 단둥시 신성구新城區다. 이곳에 단둥시 인민정부 신청사도 있다. 신성구가 개발된 배경에는 단둥과 신의주 사이를 잇는 자동차 전용대교인 신압록강대교가 있다. 북중무역의 최대관문인 단둥에서 신의주까지 기존 압록강철교만으로는 그 물량을 감당하기 힘들어 새로운 다리의 건설이 필요했기 때문이다. 중국이 건설비용을 대어 2015년 완공되었으며, 2016년 개통을 앞두고 있다는 보도가 나왔다. 이는 황금평 경제특구조성 등 북중 프로젝트와 맞물려 있으며, 그 바탕에는 배후도시로 성장한 신성구가 있다.

현재 신압록강대교는 세관 공사까지 완료되었으며, 객실에서 대료를 조망할 수 있는 궈먼國門호텔의 공사도 거의 마무리 단계다. 이 오성급 호텔 객실 창가에서 바라보는 신압록강대교와 신의주는 분명 선명한 파노라마처럼 보일 것이다. 신압록강대교의 개통도 그렇고 신도시내 상가 활성화도 더딘 상태지만, 신도시는 계속 팽창 중이고 도처에는 요란한 아파트와 사무실 짓는 공사가 늘고 있다. 신압록강대교 개통이 지연되면서 행여 도루묵이 되는 것 아니냐는 우려의 시선도 있으나, 중국인들의 사업진행 속도와 인내심을 고려하면 전체 그림을 갖고 하나씩 진행하고 있다고 보면 될 것 같다.

2015년 북중관계에서 가장 가시적인 성과라고 하면 10월 15일 단둥신성구에 개장한 궈먼완 호시무역구國門灣互市貿區다. 북중관계의 정치적

궈먼완 호시무역구 입구

온도를 측정하는 이런저런 이야기들이 오가지만 교역은 꾸준히 발전하며 진화하고 있다. 북중 교역의 최대 관문인 단둥에 호시무역구가 설치되었다는 것은 단둥의 중요성을 다시 한 번 부각시키는 상징적인 사건이다. 변경도시인 단둥과 신의주 간에는 100년 전부터 호시무역이 성행했다고 한다. 당시 안둥이었던 단둥은 작은 어촌에 불과했다. 그러던 것이 이제는 신의주를 훨씬 능가함은 물론이거니와, 중국 내 국경도시 중 가장 화려하게 성장했다. 그리고 단둥 북중 호시무역구가 문을 열었다.

호시무역구는 2만 4,000㎡ 부지에 상품 전시·교역 공간과 창고, 주차장, 검역소 등이 들어섰다. 단둥 호시무역구는 북중 양국의 국경 20㎞ 이내에 거주하는 변경지역 주민들이 증명서를 제시하면 하루 8,000위안(약 125달러)을 넘지 않는 한도 내에서 관세 없이 거래할 수 있도록 허용할 예정이다. 변경 근처에 있는 소규모 거래를 무관세로 활성화한다는 것인데 그렇다면 답이 나온다. 신의주가 바로 이 반경 안에 있다. 신의주 주민들이 신압록강대교를 넘어 아침 일찍 싱싱한 수산물을 싣고 호시무역구에 나와 팔 수 있다는 얘기다. 호시무역구 측은 언론 보도를 통해 "우리 무역구는 북중 무역을 심화하는 민간 차원의 새로운 플랫폼"이라며 "북한 기업들은 내년 4월 입주할 예정으로 송이, 인삼 등 농산·해산물을 취급하는 업체가 주를 이룰 것으로 보인다"고 설명했다.

새로운 차원의 플랫폼은 주목할 만한 개념이다. 소규모 보따리무역이 상거래 저변을 활성화시킬 것이다. 북중 변경 무역의 흐름을 보면 단둥으로 수렴되고 있는 형국이다. 옌지 등이 상대적으로 쇠락하는 것과 반대로 단둥은 지속성을 유지하고 새롭게 진화하고 있는데 그 상징이 이번 호시무역구 설치인 셈이다. 5·24조치로 한국의 대북 교역은 공식적으로 중단되었지만 단둥 현지에서는 그렇지 않다. 한국과 북한이 직접 교역할 수는 없지만 조선족 중간상이나 중국 기업이 중간 역할을 하면서 수많은 거래가 이뤄지고 있다. 단둥에 포진하고 있는 기업도 1,000개는 족히 될 것이다.

호시무역구의 규모는 중국 특유의 거대함을 그대로 보여준다. 단일 시장으로는 단둥에서 최대 규모다. 무역구 안 북한 농산물 판매장소는 10월 개장행사에 선보인 이후 2016년 4월부터 공식적으로 영업에 들어가서인지 텅 비어 있었다. 다만 중국 쪽 상가들은 부분적으로 영업 중이거나 개업을 준비하느라 분주해 보였다. 4월부터 북한 물품도 본격적으로 판매된다고 하니 신압록강대교의 개통도 그 즈음에 이뤄질 것이라는 추측이 가능하다.

호시무역구 이외에도 단둥에서는 매년 가을 조중朝中 박람회가 개최되고 있다. 단둥의 지리적 여건으로 볼 때 자연스러운 일이다. 남북 간 민간 왕래나 교역의 접점이 활성화되지 못한 상황에서 북중 변경인 단둥에서 이러한 모습을 바라봐야 하는 심경은 착잡하기만 하다. 이처럼 북한이 남한 쪽 창구를 봉쇄하고는 있지만, 중국을 향해서는 문호 개방을 확대하고 있는 점을 주시해야 한다.

호시무역구 바로 아래에는 자유무역 경제특구로 조성될 예정인 황금평이 자리하고 있다. 그렇게 보면 압록강철교를 통한 기존의 북중 무

朝鮮進口商品展示交易区
조선수입상품 전시교역구

朝鮮农副产品街
조선농산물거리

조선농산물거리 입구

역은 그대로 진행되면서 신압록강대교 개통을 기점으로 이곳 단둥 신
도시에서 북중 간 교역이 새로운 차원에서 활성화되고 황금평 공단이
오픈하면 단둥은 새 시대를 맞을 것으로 기대된다.

　단둥에서 상황 진전이나 움직임을 심도 있게 관찰하고 우리의 통일
정책 그림에 반영해야 하는 이유가 바로 여기에 있다. 303번 버스를 타
고 단둥으로 돌아오는 길에 차창으로 보이는 건너편 신의주의 낮은 지
붕들도 언젠가는 단둥의 마천루처럼 우뚝 솟아오를 날이 있을까. 단둥
하늘 아래 서서 북중 교역과 대조되는 남북관계의 앞날을 생각하니 마
음이 서글프게 젖었다.

황금평 이야기

　북중 변경을 관찰하는 데 빼놓을 수 없는 게 경제특구다. 북한은 경제발전과 외자 유치를 도모하기 위해 2014년 말까지 19개의 경제개발구와 5개의 경제특구를 설치했다. 이 중 경제특구는 개성공업지구, 금강산국제관광특구, 라선경제무역지대, 황금평-위화도경제특구, 그리고 신의주국제경제특구 등 다섯 곳이다. 개성과 금강산은 남북과 관련된 특구라고 보면 되고 나머지는 중국과 관련이 깊다. 이들 중 대다수는 북한 내에 설치되어 있어 직접 가보거나 접근할 수 없다. 하지만 단 한 곳 황금평-위화도경제특구는 예외다.

　황금평-위화도경제특구는 북한이 지정한 특구지만, 위치상으로 중국 영토 내에 있다. 때문에 북한보다 중국에서 접근하기가 쉽다. 황금평의 행정구역상 주소는 북한 평안북도 신도군 황금평리로, 지도상으론 중국 영토에 붙어 있다. 1962년 북한과 중국이 압록강 내 섬들의 소유를 규정하면서 북한 주민들이 많이 거주하고 있는 황금평을 북한 영토로 귀속한 것이다. 그러다 보니 황금평을 보려면 북한 주민이라도 중국 단둥으로 넘어와야 한다.

황금평은 글자 그대로 황금평야다. 신의주 최대의 곡창지대면서 압록강 섬 중 두 번째로 큰 규모다. 145k㎡에 달하는 압록강 하류에 위치해 있으며, 황금평-위화도경제특구의 위화도와는 20㎞ 떨어져 있다. 이성계의 위화도 회군으로 유명한 위화도는 단둥 시내 북쪽에 자리하고 있다. 서울과는 약 400㎞ 떨어져 있어 서울과 부산 간의 거리보다 가깝다. 참고로 평양에서 220㎞, 센양潘陽에서 240㎞, 다롄에서 300㎞, 의주에서 16㎞ 떨어져 있다. 이처럼 황금평은 절묘한 위치에 자리 잡고 있다. 중국 영토와 맞닿아 있으면서 한국과 중국의 주요 지역과의 연결이 용이한 편이다. 향후 황금평에서 생산된 제품이 글로벌 시장으로 뻗어 가기

황금평

좋은 거점이라는 의미도 된다.

황금평에서 아래로 조금 내려가면 단둥의 외항이자 인천-단둥 페리선 도착지인 둥강東港이 있고 최근 확충한 단둥국제공항도 멀지 않다. 가장 인상적인 포인트는 신의주-단둥을 잇는 신압록강대교다. 사실상 황금평 등 경제특구를 염두에 두고 건설된 신압록강대교가 신의주와 단둥 신도시인 신성구를 연결함으로써 황금평으로의 진출이 훨씬 용이해졌다. 2011년 북중이 황금평-위화도경제특구를 건설하기로 한 뒤 4년여가 흘렀지만, 황금평-위화도경제특구의 완공까지는 지지부진한 상태다. 그 배경에는 황금평-위화도경제특구를 주도했던 북한 장성택의 처형과 냉랭해진 북중 관계가 크게 작용하고 있다.

단둥 시내에서 둥강행 버스를 타면 황금평에서 하차할 수 있다. 강변을 따라 시원하게 뻗은 도로가 랑터우浪頭 나루터쯤 당도하면, 신압록강대교가 우뚝 솟아 있고 거대한 아파트단지가 펼쳐진 신성구에 도착한다. 신성구에 단둥시 인민정부와 당 건물을 옮길 만큼, 신성구는 단둥 시내보다 더 큰 신도시다. 중국이 이곳을 개발하고자 하는 의지를 읽을 수 있는 대목이다.

현재 아파트단지 내 입주가 모두 완료되지 않아 아직 활기가 넘치진 않지만, 이미 아파트를 한 채 장만해둔 조선족 여 씨는 "다리가 정식 개통되고 활기를 띠면 아파트값이 좀 오를 것도 같아 사두었다"고 말한다. 황금평과 강 건너 신의주 국제지구를 함께 묶어 역동적인 발전에 대비한 배후단지인 셈이다. 이제 황금평-위화도경제특구의 배후도시까지

준비가 완료되었다. 중국인들은 앞장서서 거대한 단지들을 건설하는 데 혈안이다. 그렇다면 황금평엔 언제쯤 땅을 뒤집는 포클레인 소리가 울릴까? 이 질문에 속 시원한 답을 들을 수는 없다. 일단 복합적인 변수들이 있으며, 중국 정부의 태도를 보아 누군가 먼저 나서 말해주지도 않을 것이다. 단지 황금평 현장을 둘러보고 짐작해볼 따름이다.

황금평은 전자정보단지, 봉제단지, 최첨단 농업단지, 문화 관광지구, 그리고 상업 및 서비스 산업단지 등 5개 산업지구로 구성될 예정이다. 2006년 황금평엔 철조망이 설치되었고 그 안에서는 지금 벼가 한창 자라고 있다. 섬 내부 역시 크게 변한 것이 없다. 최근 들어 황금평과 단둥-둥강 도로 건너편에 대규모 단지가 조성되고 있어 공사장비들의 소음이 요란한 것을 확인할 수 있다. 조감도를 보면 이것 역시 대규모 단지다. 5만 5,000㎢ 규모의 경제기술단지 공사가 진행 중이다. 또한, 중국 쪽으로 나 있는 황금평 정문 안내판엔 시진핑習近平의 사진이 붙어 있기도 하다.

다시 좌측으로 발걸음을 옮기면 작은 나루터가 나온다. 이 나루터가 압록강에서 황금평 섬 안쪽으로 들어오는 물길이다. 압록강과 황금평 사이엔 갯벌 형태의 작은 수로가 형성되어 있다. 이 나루터에는 선박 몇 척이 정박해 있고, 선착장엔 꽤 큼직한 중국식 해물 전문 식당이 개업을 앞두어 공사가 한창이다. 선착장으로 나와서 황금평경제관리위원회 사무실 쪽으로 가다 보면 금융·호텔 시설을 짓는다는 안내문과 함께 대형 펜스가 설치되어 있다. 이곳은 압록강을 바로 조망할 수 있는 자리이기도 하다.

현실적인 조건과 객관적인 시선으로 황금평을 바라보자면, 황금평은 동시에 진행된 나선지구에 비해 뒤처져 있는 것이 사실이며, 향후 추진동력도 미지수다. 일각에서는 부정적인 전망도 적지 않다. 그렇지만 신압록강대교 완공 및 배후단지 조성 완료 등 인프라 작업은 차질 없이 진행되고 있다. 당장 경제특구가 진척이 안 되니 관광지구로 먼저 개발한다는 이야기도 들린다. 하지만 이러한 정체상태도 북중 간의 경제정책 이행 상황을 볼 때 그리 오래 지속될 것 같진 않다.

물론 북한의 3차 핵실험과 장성택 처형 이후 북중 관계가 냉랭해진 것으로 보인다. 신의주 행정장관으로 임명되었던 양빈 특구장관이 비리혐의로 체포되기도 했다. 여기서 눈여겨볼 대목은 북한이 중국에 대해 더욱 개방적인 모습을 취하고 있다는 점이다. 5·24조치로 남북 간 교통이 두절되자 북중 교역이 부쩍 늘었다. 남북 간 경색 국면에서 북한은 2013년과 2014년 이어서 경제개발구 계획을 발표하면서 경제개혁 의지와 외자유치 의지를 과시하고 있다. 남북 간 정체된 경제교류를 중국과의 별개의 교류로 위기를 극복하고 있는 셈이다.

북한 입장에서 중국은 경제 생명줄이나 다름없다. 북한의 대對중국 경제는 의존수준이 아니라 종속수준으로 봐야 한다. 통상 대외교역의 30%를 차지하면 의존수준, 70%를 넘으면 종속수준으로 규정하는데 북한은 이미 70%를 넘었다. 특히, 중국산 상품의 질이 좋아지면서 북한 내 중국산 사용률은 급격히 늘며 한국산을 빠르게 대체하고 있다. 단둥 세관에서 북한으로 들어가는 물품들을 한 번 확인해 보면 알 정도다.

이런 현실을 직시하면 황금평 계획은 언젠가는 추진되리라는 막연한 기대가 아니라 곧 가시화될 것으로 보인다. 중국인들의 일 처리 속도를 볼 때 본격적인 사업이 시작되면 생각보다 빠른 시간 내에 조성될 수도 있다. 한편 북한이 계획하고 있는 신의주 국제경제지대 조성사업은 황금평과 연계해서 개발되고 움직여야 시너지효과를 볼 수 있는 프로젝트다. 당연히 북한은 이를 모를 리 없다. 그렇다면 북한은 더 좋은 때를 기다린다고 봐야 한다. 그리고 중국이 천문학적인 공사비 전액을 댄 신압록강대교는 이 큰 그림의 연결고리로 기능할 것이고, 황금평 프로젝트가 성사된다면 북한 노동자들은 신압록강대교 위를 오가며 출퇴근할 수 있을 것이다. 이는 인력관리 측면에서 북한에게 이로운 점으로 작용할 것이다.

종합해 보면, 현재 지지부진한 황금평-위화도경제특구 조성 상태는 단선적으로 볼 일이 아니다. 전체적으로 조성의지가 소원한 것처럼 보이지만, 북중 간 경제협력 및 교역은 더욱 강화되고 있는 것이 사실이다. 특히, 북한의 중국 종속화가 가속되고 있는 부분에 주목해야 할 것이다. 덧붙여 북한의 경제특구 조성사업이 중국이 개혁개방 시기 추진했던 특구 조성사업을 벤치마킹했다는 것으로 볼 때, 중국에게 분명 조언받았을 것이라는 추측은 어렵지 않다. 정세의 미묘한 분위기와 다르게 경제협력은 다른 성격으로 움직이고 있다. 특히 북중 간 관계가 그렇다는 것을 직시할 필요가 있다.

황금평 철조망

　　황금평을 나와 압록강변을 따라 신도시 강변을 걸었다. 바람도 시원
하고 좋다. 건너 북한 땅은 우중충한 그림이지만 단둥은 강변을 따라 마
천루가 즐비하다. 북중 간의 기울기가 한쪽으로 기울었음을 상징하는
것처럼 보인다. 이 강변에서 느끼는 평화를 그대로 현실에 대입하다 보
면 대외 교류나 경제사정은 분명 좋아질 것이다. 허나 국제정치의 복잡
한 방정식이 그저 마음을 짓누를 뿐이다.

압록강철교(조중우의교)와 교역

　　현재 단둥-신의주를 잇는 다리는 압록강철교(조중우의교朝中友誼橋),
압록강단교, 신압록강단교 등 총 세 개다. 2014년 10월 준공한 신압록강
대교는 개통이 무기한 미뤄진 상태고 압록강단교는 6·25전쟁 시 미군
의 폭격을 맞아 절반이 파손된 절름발이다. 유일하게 통행이 가능한 다
리는 압록강철교라 불리는 조중우의교다. 조중우의교는 1990년대 북중
양국의 합의를 거쳐 개명한 것으로, 북중 국경 동쪽의 첫 다리이자 가장
역사가 깊은 다리다. 나아가 현재 북중 간 교역의 핵심 교량이다. 북한
으로 들어가는 물자의 80%가량이 이 다리를 통과하기 때문이다. 압록
강철교가 없으면 현재의 북중 교역물량을 신속히 유통시킬 수 없을 정
도다.

　　1911년 완공된 압록강철교는 원래 일제가 만주 침탈을 위해 건설해
만주와 조선을 연결해 왔다. 부산에서 출발해 서울-평양-신의주를 경

유하면 이 압록강철교를 건너 센양으로 향할 수 있었다. 한때 김일성과 김정일은 기차를 타고 압록강철교를 지나 중국을 방문하기도 했다. 다리의 총 길이는 1㎞에 조금 못 미치는 944m이며, 차량 전용 차선과 외길 철도로 되어 있다. 때문에 차량이든 기차든 쌍방향 통행이 불가능하다. 한쪽에서 먼저 다리를 건너야 그제야 반대편에서 다리를 건널 수 있는 일방통행식이다. 마치 북한으로 들어가는 외길 같은 모습이랄까. 압록강철교는 건축학적으로 뛰어난다는 평가를 받고 있지만, 이러한 문제점으로 인해 북중 간 물동량物動量을 감당할 수 없게 되자 하구 쪽에 신압록강대교를 건설할 수밖에 없었다.

압록강철교와 압록강단교는 나란히 있어 마치 쌍둥이 형상을 하고

압록강 유람선에서 바라본 북한군 초소

있다. 압록강단교는 중국 쪽 관광지로 개방되어 끊긴 다리의 끄트머리까지 관광객들의 접근이 가능하다. 관광객들은 단교 위에서 건너편 신의주를 바라보고 사진에 담는다. 데이트 코스로도 일품이라 다리 위는 늘 붐빈다. 때문에 짭짤한 입장료 수입을 챙기고 있다. 다리 아래를 오가는 유람선들은 관광객들을 위화도나, 신의주 가까이까지 태워다 주는 것으로 돈을 벌고 있다. 강변 관광지로는 손색없는 명물인 셈이다. 단교에선 바로 옆 압록강철교와 이를 건너는 행인들, 차량, 기차를 볼 수 있다. 그렇기 때문에 요즘은 압록강철교를 주시하는 것으로 북중 간 교역량을 유추할 수 있다.

아침 11시경이면 어김없이 단둥 세관을 출발한 차량이 압록강철교를 줄지어 건너 신의주로 향한다. 이들 차량은 오후 4시 반경이면 다시 이 다리를 통과해 돌아온다. 때문에 철교 아래의 단둥 세관은 북한행을 대기하고 있는 차량들로 늘 붐빈다. 보통 '평북 1, 평북 2, 평북 3, 평북 4……' 번호를 부착하거나, 단둥지역 번호판이 부착된 차량들이다. 한 운전기사는 주로 생필품과 건축자재들을 많이 운반한다고 귀띔한다. 세관 담당자는 하루 600여 대의 차량이 단둥과 신의주를 오간다고 말한다. 다리를 건너는 데는 보통 10분 남짓이면 되지만 차량이 많을 때는 30분 넘게 지체되기도 해 다리 위에 차량들이 줄지어 서 있는 모습을 볼 수 있다. 신의주로 들어간 차들은 주로 해산물을 많이 싣고 나오는데 최근엔 빈 차로 돌아오는 경우도 많다. 단둥과 신의주을 오가는 관광객들을 태운 차량들도 많다. 물론 한국인들이야 관광에 나설 수 없지만, 중국인들은 비자 없이 당일 관광이 가능하다. 최근 북중 간에 냉기가 흐르니 어쩌니 해도 접경 현장 분위기는 그렇지 않다는 방증이다.

여기서 두 가지 흐름만 보자. 먼저 중국에서 노동허가를 받는 북한인들의 급증이다. 2013년에만 약 9만 명이 노동허가를 받았다. 대부분은 외화벌이 일꾼이다. 해외에서 돈벌이를 전담하는 인력으로서, 동남아 국가 인력들이 한국으로 건너와 돈을 버는 것과 비슷한 성격이다. 두 번째는 북한이 외화 획득의 수단으로 관광산업을 활성화시키면서 북한을 방문하는 중국 관광객 수가 급증하고 있다는 점이다. 중화인민공화국 국가관광국CNTA, China National Tourism Administration에 따르면 2009년 북한을 방문한 중국 관광객 수는 9만 6,000명이었는데, 이후 2010년 13만 명으로 상승했고, 2011년 19만 명, 그리고 2012년 23만 7,000명으로 급증했다. 최근 들어 센양-평양 관광열차가 개통되고, 동북3성 각 도시에서 평양행 전세기도 많이 뜬다. 경제사정이 여유로워진 중국인들의 북한 관광 붐에 조선족들도 활발히 참여하고 있다. 북한이 중국에 대해 문호를 얼마나 자유롭게 열어 놓고 있는지 수긍이 가는 대목이다.

단둥의 고층건물 위에 오르면 한창 각종 건물들을 짓고 있는 신의주의 모습을 볼 수 있다. 이러한 건설 붐은 신의주뿐만 아니라 평양, 청진 등 곳곳에도 일고 있다. 자연스럽게 단둥 세관을 중심으로 포진해 있는 많은 상점들의 매출엔 북한 비즈니스가 한몫하고 있다. 특히 공사를 위한 건축자재들이 엄청나게 판매되고 있다. 이렇게 활발한 북중 간의 교역은 변화된 북한의 현재를 알 수 있는 대목이다.

신의주에 다녀온 관광객들의 견문見聞에 따르면, 신의주 거리에는 택시가 달리고 각종 상점들이 즐비하다. 보통 중국 위안화와 달러가 환영받는 편이고, 정기적인 장마당도 열린다고 한다. 남북한 관계가 얼어붙은 상태에서 왕래가 일절 끊기고 교역도 중단되었지만 중국을 향한 북한의 문호門戶는 자유롭게 열어둔 셈이다. 남북이 경색된 틈에 이득을 보는 측은 중국이라는 이야기다. 중국이 동맹관계인 북한의 후견인 역할을 오래 해온 것은 사실이지만, 이제는 상호 돈벌이 수단으로 흘러가는 양상에 주목해야 한다. 이 모양새에서 남한은 한 발 비켜나 있는 형국인 게 단둥에서 바라보는 대북한 교역의 현주소다.

광복 70주년을 맞아 진정한 광복은 통일이라는 이야기를 많이 듣는다. 지당한 말이다. 그런데 가만 보면 통일의 당위론과 그에 따른 편익이나 기대치만 무성하다. 사실 그런 장밋빛 전망은 공허하기 짝이 없다. 과정을 생략한 결과만을 놓고 환상을 품는 것은 미래를 꿈꾼다는 측면 말고 실익이 전혀 없는 말장난이다. 현재 북한과의 접촉이나 교류가 전부 막힌 상황에서 이를 타개하기 위한 노력이 없는데 무슨 대박 타령을 하는가. 통일은 과정이 중요하다. 어느 날 벼락처럼 다가온다고 믿는가. 그것 역시 지속적인 교류와 왕래가 있어야 가능한 것이다. 북한이 태도를 바꾸지 않기에 어쩔 수 없다는 것은 반쯤 적절한 핑계다. 회유하든, 설득하든 북한과 마주해야 한다. 정세적 변화에 따른 갈등과 대립은 있을지언정 교류 왕래는 중단하지 않고 이를 위한 국가 간 채널도 늘 열려 있어야 하는 등 지속 가능한 정책이 전제되어야 한다.

단둥에 가보라. 교역은 다 중국과 하고 있는데 우리는 여전히 형식적인 위원회니 뭐니 탁상공론만 하고 쓸데없는 유지비만 낭비하고 있지 않은가. 지금 봇물을 이루는 통일 논의는 다 공허한 짓이다. 광복 70주년, 남북관계를 한 발짝도 진전시키지 못한 것에 대한 통렬한 점검과 실질적 노력에 대한 분발이 있어야 한다. 과거에 이룬 성취만큼 통일한국을 위한 여건은 아무것도 없는 실정이다. 북한도 변하고 있다는 것을 직시해야 한다. 휴전선이 철벽처럼 막혔다고 북한이 고립되어 죽는 것은 아니다. 임진각에서 대북선전 삐라를 날리는 허무맹랑한 짓에 돈을 퍼부을 때가 아니다.

압록강철교에 서서 두 눈으로 보자. 지금 북한으로 뭐가 들어가고 뭐가 나오는지. 언제까지 중국 땅에서 벌어지고 있어 어쩔 수 없다고 둘러댈 것인가. 이제 우리 외교정책의 근본도 통일정책으로 자리매김해야 한다. 허울뿐인 말장난은 거두고 바늘구멍이라도 열 수 있는 접촉과 교역을 확대하는 방향으로 정책을 전환해야 한다.

북한 주민들은 변하고 있다. 체제는 안 변했지만 한국 방송을 시청하고 장마당에서 한국 물건을 구해 사용한다. 돈을 최고로 인식하는 세대가 늘수록 북한은 변할 수밖에 없다. 이들의 관심을 이끄는 데는 접촉과 교류가 정석이다. 접촉과 교류 및 왕래를 활성화시키는 게 통일준비다. 핵심이다. 통일에 대한 주견主見도 없이 감투 자랑이나 하는 숱한 기구나 식상한 제도는 통일준비에 도움이 되지 않는다. 독일 통일도 동독 지도체제가 변해서가 아니라 동독 주민들이 새 시대에 눈을 떠 성취해

낸 것이다. 통일비용도 그런 방향으로 쏟아 부어야 한다. 단둥은 지금 우리가 무엇을 해야 하는지 묻고 있다.

압록강철교와 다리들

단둥과 북한이 얼마나 밀접히 이웃하고 있는가는 두 가지 측면에서 설명할 수 있다. 중국 단둥과 북한 신의주 사이를 흐르는 단둥 시내 압록강의 강폭은 900m 남짓이다. 육안으로 건너편에서 움직이는 모습을 모두 관찰할 수 있다. 또 중국은 광대한 영토만큼 17개국과 국경을 마주하고 있는데 단둥은 그 국경도시들 중 가장 규모가 크고 번성한 도시다. 북중 국경은 1,340km에 달하는데 단둥지구는 압록강을 두고 300여 km를 점하고 있다. 이 중 육지 국경은 45km 정도고 나머지는 모두 압록강 국경이다. 단둥은 평안북도의 1개시 6개군과 접경을 이루고 있다. 단둥시는 우리로 치면 광역시 개념으로, 시 안에 세 개의 시(단동시, 동강시, 풍성시)가 있고 단동시는 총 3개 구로 이루어져 있다. 단동시의 면적은 941㎡로 여기에 거주하고 있는 인구는 79만 명 정도다. 단둥 전체 인구는 약 240만 명이다.

압록강철교

　　단둥의 해상 관문인 동강東港에서 단둥 시내까지 35㎞인데 시내로 들어오다 보면 광활한 농토와 시원한 차선이 단둥의 규모를 짐작케 한다. 이렇게 단둥과 북한은 강으로 국경을 마주하기에 왕래를 위해서는 교량이 필수적이다. 연암 박지원朴趾源의 『열하일기熱河日記』를 보면 그 옛날 교량이 없을 당시엔 의주에서 중국으로 건너갔다.

　　단둥과 북한 간의 교량은 압록강철교가 효시다. 1911년 건설된 이 다리는 일제가 만주 침략의 교두보를 마련하기 위해 건설했는데, 건축학적으로 높은 평가를 받는 다리이기도 하다. 1904년 러일전쟁 이후 일본은 만주 침략을 위해 철도를 건설하면서 단둥역을 건설했고 안동항(현재 둥강항)을 개항했다. 압록강변을 중심으로 단둥과 신의주가 침략거점으로 개발되기 시작했다. 이후 일제는 경부선, 경의선 철도를 건설하기 시작했으며, 1908년 길이 944m의 압록강철교를 착공해 1911년 완공했다. 이어 1937년 경부선과 경의선을 복선화하면서 압록강철교를 추가로 건설했다.

신의주와 단둥 사이의 압록강철교를 발판 삼아 일제는 만주를 침략했다. 단둥이 만주 침략의 교통 요충지였던 셈이다. 1950년 6·25전쟁이 발발한 이후 9월 중공군은 단둥-신의주를 통해 한국전에 참전했다. 이에 미군은 중공군의 진입을 막기 위해 압록강대교를 폭파했다. 다리는 동강났고 그중 중국 측 교각은 복원되었지만 북한 측의 다리는 미복구된 채 교각만 남아 있는 상태다.

북한과 중국은 1965년 국경협상을 통해 국경지역에 14개 출입처를 정한 바 있고 2001년 북중 국경 통과지점 협정을 통해 15개 체결 지점을 정했다. 그 중심이 중조우의교와 단둥-신의주 수로(단지에서 랑터우)다.

사실 단둥은 중국의 산업전략에서 소외되어 낙후를 면치 못했다. 중국의 개방정책 이전까지 제지, 명주 등 전통가공업 위주의 산업에만 신경 쓸 수밖에 없었다. 반면 북한은 신의주의 수풍댐을 배경으로 화학, 제련, 기계 등 대형 공장을 많이 건설했다. 1962년에는 신의주에 북한 최대 화장품 공장이 건설되었다. 당시만 해도 작은 포구에 불과한 단둥은 신의주 경제에 의존했다. 신의주가 경제적으로 단둥의 갑甲이었던 것이다.

그러나 중국 개혁개방정책에 따라 1980년부터 단둥의 경공업 무역이 번성하기 시작했고 1983년 압록강철교를 통과하는 베이징-평양 국제여객열차가 운행을 시작했다. 1992년 한중수교 이후 한국인 관광객이 급증하고 한국 무역상이 단둥으로 대거 진출했다. 북한은 1990년대 '고난의 행군'을 거치면서 많은 북한 주민들이 단둥으로 나왔다. 이제 단둥 경제가 신의주를 지배하고 있는 것이다. 단둥과 신의주 사이의 유일한 철교인 압록강철교를 통한 교역은 북중 공식 육로무역의 70~80%를 점하고 있다. 압록강철교는 폭이 좁아 차량들이 일방통행만 가능하다. 당연히 차량 무게에 제한도 있다. 때문에 매일 양국이 두 시간씩 교대로 차량을 일방통행 방식으로 보내며 상대국 물자를 운반하고 있다. 이로 인한 불편을 해소하기 위해 건설된 차량전용도로교인 신압록강대교가 곧 개통을 기다리고 있다.

단둥과 신의주 간 압록강철교가 없으면 북한의 교역은 사실상 마비된다. 압록강철교는 그만큼 양국 간 왕래의 아킬레스건이자 핵심이다. 김일성이나 김정일이 베이징을 공식 방문하기 위해 압록강철교를 건너야 한다는 사실만으로도 압록강철교의 중요성을 대번에 알 수 있다.

신압록강대교와 북한 개방

신성구는 아파트단지가 밀집한 단둥의 신개발지다. 마치 서울 강남의 아파트촌이 연상될 만큼 현대식 아파트단지가 즐비한 주택가다. 이러한 신성구에 주목해야 하는 이유는 신의주로 들어갈 수 있는 신압록강대교가 2015년 9월 완공되었기 때문이다. 신압록강대교는 북한 정권이 세워지고 중국과 연결된 최초의 다리라는 점에서 의미가 크다. 기존에 북중 교역의 70% 이상을 차지했던 압록강철교는 노후된 데다 협소해 새로운 다리의 건설이 절실하던 상황이었다. 신압록강대교는 왕복 4차선의 자동차 전용다리다. 보다 많은 물동량이 오갈 수 있는 인프라가 구축되는 것이다.

2013년 10월 신성구에서는 '조중朝中무역박람회'가 열렸다. 두 번째 열리는 행사였다. 이 자리에는 중국주재 북한대사도 참석했다. 미디어 보도에 따르면 행사에 1만 명의 중국인과 해외 비즈니스맨들이 참석했으며, 200여 건 이상의 투자상담이 이뤄졌다고 한다. 북한 미디어들은 이 행사를 다소 소극적으로 보도했다. 신압록강대교도 보도의 줄거리에 포함되었어야 할 상황인데 전혀 언급이 없었다. 구체적인 숫자 언급을 회피한 채 단순히 개최된 사실만 전했다. 이러한 북한 내 미디어들의 보도를 통해 신압록강대교가 그들에게 끼치는 영향과 의미를 추측해 볼 수 있다.

중국이 건설비를 전부 댄 신압록강대교는 북한이 자유경제무역지대를 구상한 황금평과 가까이에 놓였다. 신의주에서 신압록대교를 건너 신성구에서 조금만 가면 황금평이 나온다. 다시 말해 황금평을 바로 연결하는 다리로서, 북한-중국 간 교역 확대를 염두에 두었음을 어렵지 않게 알 수 있다.

그런데 북한의 내부 사정이 변화했다. 중국과 교역 확대를 추진하면서 황금평 프로젝트를 주도했던 장성택이 김정은에 의해 처형된 것이다. 프로젝트의 추진동력 인물이 사라진 것이다. 그러자 신압록강대교에 대한 여러 추측이 난무했다. 다리의 완공이 지연되면서 중국이 신압록강대교를 북한 침략의 발판으로 삼는다는 근거 없는 소문까지 유포되기도 했다. 유사시 신압록강대교를 통해 중국인들이 손쉽게 쳐들어올 수 있기 때문에 북한 내부에선 다리의 완공을 내심 환영하지 않는다는 논리도 돌았다. 신압록강대교가 이미 처형된 장성택의 업적으로 남아 김정은으로서는 반기고 싶지 않은 이미지를 불러일으킬 수도 있다는 우려도 있다. 장성택의 그림자들을 지우기 위해 애써 신압록강대교

소식을 북한 주민들에게 알리지 않고 있다는 것이다. 김정은 체제를 상징하는 대형 프로젝트였던 마식령리조트가 대내외적으로 선전된 상황과는 아주 다른 양상이다.

　사실 김일성이나 김정은에게 신의주 인근 지역은 썩 좋은 기억의 장소는 아니었다. 1945년 신의주 학생의거가 발생한 지역이라는 점은 김일성에게, 신의주에서 멀지 않은 용천에서 폭발사고가 있었다는 점은 김정은에게 각각 불안을 안길 수밖에 없었다. 그럼에도 불구하고 북한 지도자들은 단둥을 통해 열차로 중국을 방문했다. 현실적으로 단둥의

뛰어난 교통 인프라의 필요성을 인정할 수밖에 없기 때문이다.

저간의 움직임이나 역사적 사건을 살펴보는 것과 별개로 신압록강대교의 유용성은 절대적이다. 이 다리를 건너면 바로 단둥 신성구인데 중국은 이미 다리와 연관된 배후도시를 완성해 놓고 있는 셈이다. 특히 신성구에는 단둥시 공산당 당사와 시청 건물 등 핵심기관이 입주해 실질적인 단둥 권부로 부상하고 있다. 그만큼 정치적 의미가 부여된 곳으로, 한편으론 황금평 개발에 대한 중국의 의지나 기대가 엿보인다.

황금평 자유무역지대 조성이 진전되면 북한 근로자들이 신압록강대교를 건너 황금평 자유무역지대로 출퇴근하는 모습이 그려질 것이다. 이는 국경 자유무역지대에서의 이상적인 그림이 될 것이다. 신압록강대교 자체가 물류와 인적 교류의 새로운 가능성을 제공해주는 역할을 할 것이라는 기대다. 아마도 신압록강대교 이야기는 이미 북한 주민들 사이에 대부분 퍼져 나가고 있을 것이다. 향후 북한과의 관계가 진전될 경우 큰 역할을 할 미래의 가교인 셈이다. 물론 그 이전에 북한-중국 자유무역지대 건설을 통한 새로운 환경조성의 탁월한 역할을 준비하고 있다. 북한 정권 출범 이후 60년 만에 처음으로 중국과 연결되는 첫 다리 신압록강대교는 그래서 역사적인 의미가 크다.

압록강을 건너지 마라

단둥을 설명하면서 압록강을 생략할 수 없듯이 신의주 역시 마찬가지다. 단둥의 도시 형성의 역사를 보면 신의주야말로 빼놓을 수 없는 도시다. 압록강을 따라 고층 건물들이 즐비한 단둥 시내. 그곳 민박집 거실에서 바라보는 압록강은 그 자체로 하나의 풍경이다. 시야에는 유유히 흐르는 강물과 건너편 신의주, 그리고 언덕 위로 보이는 작은 집들이 손에 잡힐 듯 가까이 서 있다.

압록강변은 하루 24시간 그 시간대별로 전해오는 풍경의 내면적 느낌이 좀 다르다. 동이 트는 압록강은 여느 강처럼 장엄함과 엄숙함이 고요한 물살 위에 여민다. 낮에는 많은 사람들이 강변을 메우고, 어둠이 찾아오면 정말 무거운 침묵의 강으로 변한다. 그것은 다름 아닌 신의주에서 뿜어나오는 어둠 때문이다. 압록강을 사이에 두고 화려한 단둥과 어둡고 적막하기만 한 신의주의 밤 풍경은 참으로 대조적이어서 문득 압록강변을 찾은 나그네들의 마음을 착잡하게 만든다. 당장 단둥-신의주 관광특구가 마련된다면 더 많은 사람들의 왕래가 자유로워질 것이고 신의주의 밤도 이다지 암흑이 되진 않을 것이란 아쉬움이 크다. 압록강은 그렇게 자유로이 건널 수 없는 닫힌 장벽으로 존재하고 있다. 한국인은 건너고 싶어도 건널 수 없는 이 압록강을 생각하니 역사 속 한 장면이 인화지처럼 떠오른다.

때는 임진왜란壬辰倭亂이 발발한 조선 선조시대다. 왜군이 조선을 침략했다. 교통도 통신도 여의치 않은 시절 왜군은 부산 상륙 2개월 만에 기세를 몰아 평양을 점령했다. 조선군은 전투다운 전투도 해보지 못하고 무기력하게 무너졌다. 장수들이 먼저 전선에서 도망치는 일도 허다했는데 전투가 어떻게 가능했겠는가. 당시 조선의 조정 상황이 어떠했는지는 역사에 기록되어 있는 바, 참으로 무능하고 무책임했다. 임금인

압록강 건너 북한의 들녘

선조는 의주로 도망쳤다. 풍전등화의 상황에 놓인 나라를 두고 왕은 자신의 안위만 생각하며 줄행랑을 쳤다. 국가는 없고 왕권만 있는 태도 그대로였다. 선조를 따르던 무수한 신하도 같은 인식과 태도였다. 조정의 비겁하고 무책임에 분노한 백성들은 경복궁을 불태웠다.

선조가 그렇게 도망쳐 다다른 곳이 의주였다. 그곳에서 선조는 당시 상전국가인 명나라로 피신하고자 했다. 아마 압록강을 바라보면서 마음이 착잡했을 것이다. 조정에서는 두 가지 의견이 대립했다. 선조가 명나라로 피신해야 한다는 이항복李恒福을 비롯한 이른바 의명파依明派 대신들과 그렇게 해서는 안 된다는 류성룡柳成龍 중심의 자강파自强派 대신들로 갈렸다. 당시 류성룡은 선조에게 올린 상소문 「압록강을 건너지 마라」에서 "불가합니다. 임금께서 우리 땅을 한 발자국이라도 떠나신다면, 그때부터 조선은 우리 소유가 아닙니다"라고 눈물로 호소했다. 그는 다른 대신들과 달리, 선조가 압록강을 건너 피신하게 된다면 이 나라는 반드시 망할 것이라고 경고한 것이다.

송복 연세대학교 명예교수는 『류성룡, 나라를 다시 만들 때가 되었나이다』라는 역작에서 이 당시 선조가 명나라로 피신했으면 한반도의 운명은 외세에 완전히 넘어갔을 것이라고 분석하고 있다. 또한 송복 교수는 한반도의 분할 획책이 그 당시에 이미 시작되었다고 주장한다. 임진왜란은 조선 분할전쟁이었다는 것이다. 역사의 행운인지 신의 조화인지 평양을 점령한 왜군이 평양에서 지체하면서 의주까지 공격을 감행해 오지 않았고, 그 사이 이순신李純信 장군의 혁혁한 공로로 전세가 뒤집

했다. 선조는 결국 류성룡의 상고대로 압록강을 건너지 않았다.

이항복을 비롯한 상당수 신하들은 명에 내부內附, 즉 빌붙어 살아야 한다며 선조를 설득하고자 했는데 그것은 독립국 조선과 조선의 왕이라는 지위가 사실상 없어지는 것을 의미했다. 나라가 망하든 말든 자신들만 안전하게 피신하겠다는 발상이 당시 조정을 장악했던 기류였다. 결국 류성룡의 상소는 이러한 진퇴양난의 위기를 슬기롭게 모면했다. 류성룡의 『징비록懲毖錄』을 꼼꼼하게 독해하고 저술한 송복 교수는 오늘날 역사의 교훈을 되새기면서 한심한 의존증과 준비 없고 대책 없는 위정자들의 태도를 질타하고 있다.

그러고 보니 압록강은 운명의 강이다. 역사의 가정이겠지만 당시 선조가 압록강을 건넜더라면 돌아오지 않는 강이 되었을 테고, 송복 교수의 주장처럼 조선은 그 이름이 영원히 소멸했을지도 모를 일이다. 그후 청나라는 압록강을 건너 조선을 침략해 왔으니, 그것이 바로 병자호란丙子胡亂이었다. 6·25전쟁 당시 북한이 열세에 밀리자 중공군이 인해전술이라는 대규모 병력을 파견해서 강을 건넜으니 그게 압록강이다. 압록강은 그렇게 역사의 고비마다 많은 이들이 건너고 건너던 강이었다.

최근 북한 주민들은 압록강을 건너 자유행을 감행하고 있다. 압록강을 건너지 말라는 북한 당국의 엄명을 위반하는 것이다. 지금 북한 당국의 지침은 시대와 성격은 전혀 다르지만, 류성룡의 어법 그대로다. 하지만 그래서는 안 된다. 류성룡의 어법이 아니라 긍정의 어법으로 압록강을 건너게 해야 하는 것이 지금의 시대 과제다. 송복 교수가 류성룡을 정리하면서 내세우고자 했던 교훈이 징비懲毖를 통한 강건한 나라 세우기였다. 그 점에서 통일도 같은 맥락일 것이고 그 역시 류성룡의 자강론自强論이 필요하다. 의존이 아닌 자강을 통한 협력으로 통일을 이뤄야 하는 것으로 이해해야 한다.

이러한 압록강의 역사적 의미를 고려했을 때, 우리는 부강해진 국력을 바탕으로 중국과의 협력을 도출해 낼 수 있는 새로운 압록강 전략을 마련할 필요가 있다. 류성룡이 개탄한 의명依明 방식이 아니다. 균형과 지렛대 전략으로서의 협력 강화다. 이제는 압록강을 건너야 한다. 자유와 희망이 함께 건너야 하고 많은 사람들이 오가야 한다. 이것이 바로 시대의 소명이다.

저녁식사를 마치고 가벼운 마음으로 철교를 건너 산책을 다녀올 수 있는 가까운 거리. 압록강은 그래서 절반의 공간이다. 중국과 북한이 압록강을 공유하고 있듯이 강을 포괄하고 지역을 공유할 수 있는 발상의 전환이 필요하다. 그것이 통일로 가는 일보 전진이기도 하며 압록강을 진정한 자유의 공원으로 만드는 길이다.

"압록강을 건너지 마옵소서." 류성룡의 상소문이 유난히도 울림 있게 들리는 때다.

역사 속의 압록강

　시대를 뛰어넘는 위대한 중국 기행문, 연암 박지원의 『열하일기熱河日記』는 압록강에서 시작한다. 압록강을 첫 장의 주제로 삼으면서 『열하일기』는 시작한다. 그래서 첫 장의 제목은 역시 「도강록渡江綠」이다. 여기서 연암은 예부터 오리 머리처럼 푸른 강이라는 뜻으로 '압록강鴨綠江'이라 부르게 되었다고 말한다. 또한 압록강을 "천하의 큰 강물 셋 중 하나다"라는 명나라 장천복張天復이 쓴 『황여고黃輿考』 속 문장을 인용해 표현함으로써, 압록강이 천하의 큰 강임을 전제하면서 자신의 체험담을 전개한다.

　연암은 당시 중국 청나라 건륭제乾隆帝의 70세 생일에 공식 파견되었던 축하사절단의 8촌 형 박명원朴明源이 권유해 압록강을 건너게 되었다. 당시 연암은 소위 말해 '백수'였다. 과거科擧에 두어 차례 낙방하자 벼슬길에 대한 미련을 접고 천하를 유람하며 학문 연구와 저술에만 전념하기로 마음먹는다. 그는 자유분방한 선비로서 당시에는 보기 드문 유형의 지식인이었다. 노론에 속했지만 평소 사회 부조리와 폐단을 지적해 오며 사회를 건전하게 비판하고자 하는 의지가 강했다.

그러던 연암은 처남의 집에 머물던 중 8촌 형을 따라 청나라를 탐방할 수 있었다. 『열하일기』는 이 때 청나라 황제의 여름 별궁인 열하熱河까지 방문하고 기록한 중국 문물 관찰기이자 중국 여행기인 셈이다. 이는 프랑스 작가 알렉시 드 토크빌Alexis de Tocqueville이 미국을 여행하고 쓴 『미국의 민주주의De la democratie en Amerique』에 견줄 만한 여행기다. 『열하일기』는 단순한 여행 잡문이 아니라, 당시 중국의 발달된 사회상을 소개하고 있다. 연암은 중국 기행 중 길거리에서 마주치는 모든 풍경을 기록하려고 노력했다. 이는 중국 사회의 앞선 문물들을 범상치 않은 관찰로 담아낼 수 있었고, 그 요체는 이용후생利用厚生의 실학사상에 기반했

호산장성에서 본 의주 통군정

다. 특히 『열하일기』에서 벽돌의 우수성을 설명하고 수레의 위대함을 발견한 대목은 시대를 내다보는 연암의 안목을 그대로 보여주고 있다. 이는 당시 탁상공론에 경도되어 백성의 삶의 질 개선에 무관했던 주류 지식인들과 차별된 시각이었다.

이처럼 뛰어난 문체와 내용으로 그 어느 면에서 보아도 고전의 반열에 오를 『열하일기』의 첫 대목이 「압록강 이야기」이라는 점이 흥미롭다. 명나라와 청나라 때 조선의 사절들은 압록강을 건너 왕래했다. 지금은 신의주가 중국으로 넘어갈 수 있는 핵심 공식통로지만, 조선시대엔 의주가 도강渡江 지점이었다. 당시 신의주는 지도상에 없었고 1911년 압록강철교가 건설되면서 주목받기 시작한 신흥도시였다. 앞서 이야기한 것처럼 임진왜란이 발발해 왜군이 거세게 한양으로 진격해오자 놀란 선조가 신하들과 줄행랑쳐 도망간 곳이 바로 의주다. 그는 의주를 통해 중국으로 건너가려고 했었다. 또한 홍건적紅巾賊이 고려 침입 시 압록강을 건너 처음 당도한 곳 역시 의주다. 『고려사高麗史』는 그때의 모습을 이렇게 기록하고 있다

"1359년 11월 말 홍건적 3,000여 명은 압록강 결빙을 이용해서 고려 땅으로 넘어와 북쪽 지역을 약탈하는 등 침략의 징조를 보였다."

이어 11월 홍건적은 4만 명의 병력으로 의주를 함락시켰다. 홍건적에게 압록강 너머 의주는 침입경로였고 고려에게는 방어선이었다. 압록강은 침략과 방어의 전선이었던 셈이다.

사실 압록강은 원래 한반도 영토 안에 편입되어 있었다. 그 내력을

알아보기 위해 여기서 잠시 유득공柳得恭의 발해사 이야기를 하지 않을 수 없다. 유득공은 조선 정조시대 규장각奎章閣 검서檢書였다. 서얼 출신인 유득공을 등용한 정조의 혜안은 『발해고渤海考』라는 위대한 사초史草를 후대에 남겼다는 점에서 충분한 의미가 있다. 유득공은 고려가 발해의 역사를 남기지 않았음을 탄식하고 중국, 일본 등에서 구한 여러 사료史料를 참고해 『발해고』를 탈고했다. 그리고 이 책은 우리나라 최초의 발해 전문역사서로 남겨졌다. 비로소 발해가 역사 속에 기록되는 순간이었다. 유득공 이전 한반도 역사엔 '발해'라는 기록이 남아 있지 않았던 것이다. 유득공은 『발해고』 서문에 이렇게 적고 있다.

"(고려가) 끝내 발해사를 쓰지 않아서 토문강(두만강) 북쪽과 압록강 서쪽이 누구의 당인지 알지 못하게 되어 여진족을 꾸짖으려 해도 할 말이 없고, 거란족을 꾸짖으려 해도 할 말이 없게 되었다. 고려가 마침내 약한 나라가 된 것은 발해 땅을 얻지 못하였기 때문이다. 크게 한탄할 일이다."

유득공은 이어, 발해가 망한 후 이 지역에는 여진과 거란이 들어왔고 이때 고려 조정이 발해 유민을 통해 발해사를 편찬함으로써 이 지역의 정통성을 주장했어야 한다고 말하고 있다. 그리고 단 한 명의 장군이라도 보내 지역을 점거했더라면 투먼土門 이북과 압록 이서 지역을 쉽게 장악할 수 있었을 것이라 주장했다. 이는 역사의 근거를 마련해 놓지 못했음에 대한 뒤늦은 한탄이다. 고려 사관이 이 작업을 해놓지 않았음을 개탄하면서 당시 발해에서 고려로 도망 온 10만 명 유민들의 증언을 듣기만 해도 역사서를 만들 수 있었을 것이라고 고려의 무능을 탓했다. 역사서에 발해를 기술해 놓지 않았기 때문에 발해가 우리 땅이라는 주장의 근거를 마련해 놓지 못한 것이다.

발해는 고구려의 유민들이 세운 나라였다. 그 영토는 압록강 위쪽 지금의 중국 동북3성을 다 포함하는 만주벌판의 광활한 지역까지다. 당시 압록강은 중국과의 국경이 아닌 한반도 영토에 속해 있었다. 남으로는 통일신라가 자리 잡고 있으면서, 당시 한반도는 역사상 가장 넓은 영토를 형성하고 있었고 유득공은 이를 '남북국시대'라 칭했다. 그는 역사의 지평을 북방으로 넓혀 고구려적 시각에서 한반도 역사를 바라보았다. 이는 신라 중심적 역사관과 다른 것이다.

이 같은 유득공의 역사인식은 한때 빛을 보지 못했다. 일제의 역사왜곡과 그 후 일제식민사관에 경도된 학자들의 탓이 크다. 1980년대에 들어서 비로소 우리 교과서에 당시 한반도는 통일을 이루지 못한 채 남북국시대를 형성하고 있었다는 내용으로 남북국시대를 기술할 수 있었다. 현재의 남북 분단과는 다른 성격이지만 묘한 뉘앙스를 느낄 수 있다. 이는 통일신라가 한반도를 통일했다는 역사인식과 다른 시각으로써 현재는 보편적으로 인식되고 있다.

이 같은 한반도 역사의 백두대간 골격을 잡은 이가 바로 유득공이다. 북방의 대제국 발해는 거란의 침입으로 역사 속에서 흔적도 없이 사라졌고 이후 한반도의 영토는 남으로 밀려 압록강이 중국과의 경계를 이루게 된 것이다.

북학파北學派인 박제가朴齊家도 『북학의北學議』 서문에서 "압록강 밖으로 한 치도 내딛지 못했던 역사를 한탄"하면서 유득공의 저술이 갖는 의미를 되새겼다. 역사는 기록한 자의 것이라고 했던가. 중국은 동북공정東北工程의 일환으로 옛 발해 땅이 당나라의 지방정권이라 주장하고 있다. 이 같은 역사논쟁에서 우리가 역사적 증거로 가질 만한 기록이 고려시대에 기록되었다면 얼마나 든든한 역사적 증거로 쓰일 수 있었겠는가. 오랜 세월 방치되었던 역사를 조선시대에 와서야 그나마 유득공이 기록해 놓은 것이다. 새삼 기록의 중요성을 깨닫게 하는 대목이다.

압록강은 역사 속에 애증으로 기록된 강이다. 중국과의 관계를 이야기할 때 압록강을 배놓을 수 없는 이유이기도 하다. 압록강은 독일의 오데르-나이세 선Oder-Neisse Line을 연상시킨다. 오데르-나이세 선은 독일 통일 당시 국경획정 문제로 뜨거웠던 이슈로, 당시 동독과 폴란드의 국경선이었다. 독일은 원래 프로이센제국 시절과 히틀러Adolf Hitler 집권 당시 광활한 대국을 형성해 칸트Immanuel Kant의 고향인 쾨니히스베르크Königsberg까지 영토를 확장했다. 그런데 세계 2차 대전의 패전으로 독일이 분단되면서 영토를 재획정하게 되고 위쪽 쾨니히스베르크는 소련으로 넘어갔고 동독의 영토는 원래보다 줄어들어 폴란드의 오데르-나이세 선이 국경이 되어 버렸다. 기존 영토가 상실되자 많은 난민들은 서독과 동독으로 넘어와 실향민이 되었다.

통일협상 당시 독일은 세계 2차 대전 후 획정된 오데르-나이세 선을 인정해야만 했다. 이것이 주변국에서 통일동의를 받아내기 위한 전제였으며, 통일독일이 과거 영토의 회복까지 주장해서는 안 된다는 것을 국제법으로 못 박는 것이었다. 결국 독일은 이를 수용했고 통일협상은 오데르-나이세 선을 중심으로 결론이 났다. 독일 통일로 하여금 새로운 독일제국으로 재부활한다는 주변국의 우려를 잠재우기 위한 타협이었으며, 독일이 더 이상 고토故土 회복을 주장해서는 안 된다는 합의였다. 만약 한반도에 통일 국면이 온다면 압록강은 한국판 오데르-나이세 선으로 기능할 수 있다. 즉 중국은 발해 이후의 역사를 생각하면서 압록강 북쪽은 중국 영토라는 것을 분명히 하자고 요구할지도 모를 일이다.

다시 연암의 「압록강 이야기」로 돌아오자. 연암 역시 의주를 통해 압록강을 건넜다. 『열하일기』의 「도강록」을 보면 당시 장맛비로 인해 강물이 넘쳤으며 물줄기도 세찼다고 한다. 더욱이 중국에 보낼 선물이 미리 도착하지 않아서 10일간 의주에서 죽치고 기다려야 했다. 이런 틈새시간을 이용해 연암은 술잔을 기울이며 시를 읊조리고 자신이 주유周遊하던 금강산과 비교하기도 했다.

그러다 1780년 6월 24일(음력) 연암은 비로소 압록강을 건넜다. 의주 구룡정九龍井에서 나룻배 다섯 척을 이용해 도강한 것이다. 한강을 건너는 나룻배보다 큰 배였다. 물살이 빨랐으나 사공들이 일제히 뱃노래를 부르면 힘을 쓰고 공을 들이는 바람에 배는 유성처럼 빠르게 나아갔다. 연암을 이때를 마치 새벽이 밝아오는 것처럼 황홀했다고 기록했다. 그리고 의주성 가장 높은 곳에 자리 잡고 있는 통군정統軍亭 정자가 마치 콩알처럼 보였다고 기록했다. 연암 일행은 압록강을 건너 갈대와 숲

이 우거진 들에서 불을 피우고 노숙을 했다. 「도강록」은 그날 일기에 "비가 종일 오락가락했고 오후에 압록강을 건너 주롄청九連城에서 노숙했다"고 적고 있다.

연암은 이렇게 물살 센 압록강을 건너는 와중에서도 선비 특유의 낭만을 기록했다. 연암은 수역首譯인 홍명복洪命福에게 뜬금없이 "자네 도道를 아는가?"라고 물었다. 홍명복이 그게 무슨 말씀인가 하니, 그는 "도란 알기 어려운 게 아닐세. 바로 저기 강 언덕에 있네"라며 동문서답을 했다. 홍명복이 "혼군昏君이 『시경詩經』의 언덕을 오른다"가 아니냐고 묻자, 연암은 "그게 아닐세. 압록강은 우리나라와 중국의 경계가 되는 곳이야. 그 경계란 언덕이 아니면 강물이네. 무릇 천하 인민의 떳떳한 윤리와 사물의 법칙은 마치 강물이 언덕과 서로 만나는 피차의 중간 같은 것일세. 도라는 것은 다른 데가 아니라 바로 강물과 언덕의 중간 경계에 있네"라면서 참으로 이해하기 쉽지 않은 철학적 이야기를 펼쳤다.

연암이 건너던 압록강은 여전히 그 압록강이고 여전히 중국과 한반도의 경계다. 단지 남북분단으로 인해 북한과 경계를 이루고 있을 뿐이다. 또한 조선시대 도강의 나루터였던 의주는 쇠락하고 이제 신의주로 그 중심이 이동했다. 물론 단둥은 조선시대 기록에서 찾아볼 수 없는 새 지명이다. 중국과 철도로 연결되면서 신의주는 중국으로 통하는 거점이 되었고, 이를 계기로 단둥과 신의주는 역사 속에서 큰 영향력을 미칠 수밖에 없는 지명으로 부상했다.

일제강점기 이미륵李彌勒은 일제의 탄압을 피해 압록강을 건너 독일로 망명을 갔다. 그는 다시 돌아오지 못한 고향을 그리며 자신의 어린 시절을 회고하는 망향의 서사 『압록강은 흐른다』를 저술했다. 이후 6·25전쟁이 발발하자 중공군은 북한군과 연합해 압록강을 넘어 진군했다. 이처럼 한반도의 역사는 압록강을 건너야 만들어졌고, 지금도 만들어지고 있다.

압록강은 한 번도 멈춘 적이 없다. 지금도 그렇다. 비록 활짝 열린 강은 아니지만 끝없이 탈출이 시도되는 운명의 강이기도 하다. 의주 쪽은 겨울철 얼어붙은 압록강 위를 걸어 중국으로 넘어갈 수 있어서 탈북에 유리한 지역이다. 물론 압록강을 건너다 목숨을 잃거나 붙잡혀 갖은 고초를 당하기도 하고, 반대로 도강에 성공해 새로운 희망을 찾기도 한다. 이처럼 압록강엔 북한 주민들의 생사가 교차한다. 이젠 이러한 비극을 멈추게 해야 한다. 이것이 통일의 출발점이다. 도망과 탈출의 통로로서의 압록강이 아니라, 평화와 자유의 강으로서의 압록강이 되어야 한다.

이제 압록강을 통해 오가는 물리적, 인적 교역량을 더욱 확대해야 하는 숙제에 대해 고민해야 한다. 압록강은 중국과 북한의 국경이 되었고 우리는 제3자가 된 형국인데 이제 모두 함께 만날 수 있는 강이 되어야 한다. 유득공이 아쉬워한 발해 땅을 다 포괄하지는 못하더라도 압록강이 명실상부한 중국과 대한민국의 국경으로 획정되는 꿈 말이다.

압록강 맥주

현재 단둥을 대표하는 키워드는 압록강이다. 신의주와 압록강을 단둥과 북한이 일부 공유하고 있지만, 북한이 신의주를 전면 개방하지 않고 압록강 브랜드를 적극 이용한 시장경제를 이행하지 않는 상황에서 그 경제적 가치는 고스란히 단둥이 차지하고 있다. 단둥이 압록강 브랜드 덕을 본다는 것은 도처에서 확인된다. 압록강은 철교를 비롯한 수풍댐 등지의 관광사업뿐 아니라, 압록강 맥주, 압록강 생수, 압록강 호텔 등 다양한 형태로 브랜드화되고 있다. 신의주를 압록강의 도시로 알고 있었던 것이 낯설어질 정도다. 신의주로의 접근이 자유롭지 못한 상황에서 단둥이 이른바 '압록강 도시'로 자리매김한 것이다. 현재 압록강은 단둥의 무대가 되어 버렸다.

단둥은 물의 도시다. 백두산을 기점으로 서쪽으로 흘러내리는 압록강을 품고 있으며, 외항인 동강은 단둥에서 바다로 나가는 길목이다. 강과 바다를 겸한 물의 고향인 셈이다. 그 물로 빚은 지역 상품 가운데 가장 대중적인 인기를 누리는 것은 다름 아닌 압록강 맥주다. 압록강 물을 이용해 만든 '압록맥주Yalu Beer'는 도수가 3.3%로 다른 맥주보다 순한 맛이다. 개인적인 품평을 보태자면, 한국산 맥주보다 부드럽고 시원하며 깔끔한 편이었다.

580cc 용량의 세련된 녹색 병에 담긴 압록맥주는 예전 우리의 4홉들이 병을 생각나게 한다. 단둥 시내 골목길에 있는 어느 식당을 가든, 목로주점을 가든, 식탁 위엔 늘 압록맥주가 놓여 있는 모습이 단둥 시민들의 일상적인 식사 풍경이다. 한 병의 가격은 보통 3위안 50지아오로 저렴한 편이라, 더욱 대중적인 사랑을 받고 있다. 지역경제 여건에 맞는 가격책정전략인 셈이다. 지역 주민들에게 무조건적인 애향심을 호소하기보다 적정가격으로 편하게 사서 마실 수 있는 환경을 제공하고 있는 것이다. 여기서 한 가지 주목할 점은 중국엔 로컬 비어Local Beer가 상당히 발달해 있다는 것이다. 지역의 명소인 압록강을 상징하는 지역 맥주를 제조해 지역경제를 뒷받침하는 구조다. 물론 글로벌 브랜드인 '칭다오맥주Tsingtao Beer'보다 브랜드 인지도는 떨어지지만 적어도 단둥에서만큼은 압록맥주가 주인이다. 지역성과 다양성 부분에서 성공하고 있고 그 배경에 압록강이라는 명성이 있기 때문이다. 이 밖에도 '하얼빈맥주Harbin Beer'처럼 각 지역마다 특성 있는 맥주가 포진되어 있어 나그네들의 고단한 여정을 적셔 준다.

우리나라도 두 개 회사가 독점하는 구조의 한계를 타파하고 다양한 맥주 맛을 제공하기 위해 보다 많은 노력이 진행 중이지만, 아직 중국 맥주시장의 로컬화에 비하면 아직 걸음마 단계다. 이를 볼 때 맥주에 있어서만큼은, 중국은 중앙집권적이 아니라 지방분권적인 셈이다. 아마 신의주산産 압록강 맥주가 제조된다면 더욱 관심을 받을 수 있겠다는 아쉬움도 남는다. 압록강 맥주가 신의주가 아닌 단둥 관할 내에서 생산되고 판매되고 있는 것도 씁쓸한 분단의 풍경이다. 때문에 압록강을 바로 마주한 신의주를 보며 단둥산産 압록맥주를 마시는 심정은 복잡하기만 하다. 마음 한쪽으로는 새로운 맛에 대한 호기심이 들지만, 또 다른 한쪽으로는 이런저런 아쉬움이 쉽게 떠나지 않는다.

3장

옥란 씨의 평양행 기차

　강옥란(가명) 씨는 아침부터 서둘러야 했다. 오전 10시 평양행 기차를 타려면 단둥역에 8시 30분까지 도착해야 한다. 기차표도 끊고 짐도 부쳐야 하기 때문이다. 옥란 씨는 단둥의 북한영사관으로부터 지난주 토요일이 되어서야 북한에서 25일 체류할 수 있는 비자를 받을 수 있었다. 신청한 지 10일 만에 비자가 나왔다며 안도의 숨을 쉬었다. 통상 5일 정도면 비자가 발급되는데 국경절이 겹치자 사람들이 몰려 늦어진 것 같다고 한다. 평양행 기차표는 단둥역 창구가 아닌 건물 밖에 별도로 마련된 단둥 국제여행사 창구에서만 판매한다.

　중국 단둥에서 북한 평양까지의 운임은 260위안으로 매일 1회 운행하고 있다. 교통편이 워낙 불편해 사람들은 평양까지 가는 길이 마치 낙타가 바늘구멍 통과하듯 어렵다고 푸념한다. 옥란 씨 역시 수차례 평양을 드나들었지만, 기차를 타고 들어가는 것은 처음이다. 조선족 출신 남편은 평양에 체류하면서 금광사업을 시작했다. 수십 년간 대북 무역을 하다가 몇 년 전부터 북한에 직접투자를 하면서 3년 전 금광채굴권을 확보했다고 한다.

옥란 씨는 대충 20억 원 정도의 투자비용이 들어갔다며 얼른 투자비용을 뽑는 날이 왔으면 좋겠다고 말한다. 아직 본전은 못 건진 듯하다. 이번 평양길 내내 들어야 하는 보따리가 꽤 무겁다. 남편이 특별히 주문한 담배와 위장약 말고도 쌀 60㎏을 별도로 가져간다. 근데 쌀이 안 보인다고 했더니 "철도 당국에 이야기하면 지정 좌석까지 갖다 줍니다"라며 웃는다. 그런 서비스가 기본이냐고 묻자 "그럴 리가 있겠어요? 뒤로 하는 것이죠"라고 귀띔한다. 옥란 씨가 소지한 보따리는 여섯 개. 단둥역에서 35㎞까지만 무료배송이다. 1㎞ 초과 시 100위안의 초과 화물료를 내야 한다. 맡긴 짐은 청색 포대에 담아 이름표를 달아둔다.

평양에 도착하면 다음 날 짐을 찾을 수 있다. 신축된 건물 2층 세관 앞에는 수십 명의 사람이 줄지어 기다리고 있고 가장 앞줄에는 정장 차림에 배지를 단 북한 당국자와 세련된 차림의 중년 부인들이 깔끔히 포장된 꾸러미를 들고 기다리고 있다. 다른 이들과는 행색이 완전히 달라 보인다. 스마트폰을 든 옥란 씨는 어디론가 연신 통화 중이다. 옥란 씨의 남편처럼 지금 북한에선 광물자원 개발에 투자하는 이들이 늘고 있다. 이제 지하자원이라도 팔지 않으면 안 되는 처지가 북한 경제의 현주소인 셈이다. 수속을 마친 옥란 씨는 통화 중인 평양의 남편에게 "여보, 이제 출발해요"라고 말하곤 10시 단둥발 평양행 기차에 올랐다.

단둥역 마오쩌둥 동상

옥란 씨와 작별하고 단둥역 앞으로 나오니 대부분의 중국 거리가 그렇듯이 노점상들이 즐비하고 분주하기 짝이 없다. 좌판을 펼치고 잡동사니를 파는 노점상들의 품목 가운데 눈길을 끄는 것은, '조선 돈'이라 불리는 북한 화폐첩이었다. 김일성 사진이 박힌 여러 단위의 지폐를 사진첩처럼 만든 것인데 500원짜리부터 1원짜리까지 모아 놨다. 이러한 화폐첩은 관광객들이 많이 찾는 압록강철교 주변, 강변 노점상에서 쉽게 볼 수 있는데, 단둥 전역으로 퍼져 있는 것을 보면 누군가 조직적으로 유통하고 있다고 볼 수 있다. 이는 실제 북한 화폐를 신권으로 유통할 수 있다는 점에서 북한 당국이 개입된 판매행위라고 단정할 수 있다.

이처럼 외화벌이의 아이템으로 새롭게 등장한 것이 북한 화폐다. 현재도 사용 가능한 화폐로서 북한 화폐 7,000원은 중국 돈 10위안에 거래되고 있다. 단순히 산술적으로 보면 북한 화폐를 사는 쪽이 손해다. 손해 볼 수밖에 없는 장사를 대놓고 하는 이유는 뭘까. 현재 중국 위안화와 북한 화폐 간의 공식 환율은 1 대 150 정도 비율이지만, 실제는 1 대

6000 이상 차이가 난다. 그렇다 보니 누구도 북한 화폐를 소지하고 싶어 하지도 않고 거래에서 사용할 수 있는 곳도 사라지고 있는 실정이다.

북한 경제의 경쟁력이 상실되고 북한 화폐가 대외 무역이나 거래에서 결제수단으로 인정받지 못하고 있다. 실제 평양 내에서 외국인은 달러나 위안화를 사용하는데 소액권 유통이 부족해 100달러짜리만 유통되고 있다. 평양에 자주 드나드는 한 인사는 "100달러를 지불하면 거스름돈을 달러로 받을 수 없어, 필요도 없는 물건을 울며 겨자 먹기로 100달러치 다 사야 해요. 식당에서 밥을 100달러씩 시킬 수도 없어 먹지 못하고 그냥 나오기도 하는데 이게 북한의 현실이죠. 북한 돈은 누구도 받으려 하지 않아요"라고 말한다. 이처럼 달러나 위안화 한 푼이 아쉬운 상황이 북한 경제의 절박한 현실이다.

단둥은 북한 경제의 관문이다. 북한 공식 교역의 70%가량이 단둥을 통해 이뤄진다고 해도 무방하다. 하지만 공식적인 통계나 자료가 없다 보니 정확한 수치 산정이 어렵고, 각 분야에 종사하는 이들도 각자의 입장에서만 상황을 들여다보니 북한 경제를 제대로 평가하기란 쉽지 않다. 때문에 북한 경제에 대한 소식과 평가는 늘 가려듣는 것이 좋다.

단둥과 북한의 교역에는 물자뿐만 아니라 북한 사람들의 외화벌이도 포함된다. 북한 사정에 정통한 B씨는 "한 7,000명 정도가 단둥에 나와 있는 것으로 알려졌다. 그 가운데는 1,000명은 무역상들이고 나머지 6,000명 정도는 근로자들이다. 일각에서는 140여 개 북한 기업이 단둥에서 활동하고 있는 것으로 추산하고 있다. 흥미로운 것은 무역상들도 5

개 조를 한 명의 보안이 감시하는 체제를 갖추고 있다. 무역상이든 근로자든 성분이 좋아야 나올 수 있다"고 귀띔했다. 이들이 연간 얼마나 벌어들이는지는 정확히 파악하기가 사실상 불가능하다. 단, 단둥에서 파악한 북한 경제 사정이 예전 같지는 않다는 것이다.

압록강철교 인근에는 북한식당과 호텔이 많다. 식당의 주 고객이었던 한국인들은 북한음식에 대한 호기심과 북한 별미인 냉면을 현지에서 먹어보고 싶은 식도락 욕망을 갖고 자주 들렀다. 그러나 요즘은 달라졌다. 압록강변의 꽤 알려진 북한식당에 필자가 들렀을 때 한국 손님은 저 건너편 한 테이블뿐이었다. 나머지 테이블은 조선족이나 중국인들로 채워졌으며, 어째 종업원들도 퉁명스러워 보였다.

연휴를 이용해 단둥에 여행을 왔다는 한국인 염경섭 씨는 이전부터 단둥을 자주 찾았다고 한다. 그러면서 "이제 한국인들이 북한에 대한 호기심도 사라졌고 특히, 북한식당에서 중국인들과 달리 한 가지 요리만 선호하는 한국인들이 소득에 별로 도움이 안 된다고 꺼리는 분위기가 역력하다"고 설명한다. 이런 분위기는 북한 상품을 판매하는 상점에까지 이어지고 있다. 실제, 북한산 제품이 이제는 희귀성이나 경쟁력에서 뒤처지고 있어 관광객들에게 그다지 매력적이지 않다는 것이다. 심지어 한 통에 60위안에서 180위안까지 비교적 저렴한 북한산 고려인삼을 사가는 사람들도 많지 않은 편이다. 더욱이 '코리아'라는 이름으로 상점을 운영하는 주인들은 북한산뿐만 아니라 한국산 제품도 함께 전시 및 판매하고 있다. 한 조선족 가게 주인은 "한국산이 인기가 있다 보니 안 갖다 놓을 수 없다"고 이야기한다. 상황이 이렇다 보니 북한산 상품 판매를 통한 외화벌이도 신통치 않음을 짐작할 수 있다.

단둥역 앞의 조중민속거리는 단둥의 코리아타운이다. 한국식 불고깃집부터 식료품점, 방앗간, 숙박업소 등 다양한 상점들이 상가를 이루고 있다. 이곳에서도 북한산 인삼이나 한약재 등이 판매되고 있으나 예전만 못한 편이다. 여기에 조선족도 비슷한 아이템으로 경쟁을 벌이고 있다. 10년째 한국 식품점을 운영하고 있는 명가한국식품의 최경자 사장은 "북한 사람들이 오히려 한국 식료품을 찾는 빈도가 잦다. 북한인 단골도 많다. 어디에서 들었는지 유행하는 것들을 즉시 찾고 있다. 미숫가루 라떼도 반응이 좋다"며 최근 분위기를 전했다. 이러한 현상은 단둥에 나와 있는 북한 무역상 중 돈을 좀 만지는 사람들의 생활방식이 이전과 달라진 것과 연관이 있다.

이러한 공식적인 시장을 통한 거래 외에 이른바 '밀무역密貿易'이라 불리는 비공식 거래도 성행하고 있다. 북한은 공식적으로 청바지 수입이 금지되어 있지만, 국경을 따라 성사되는 소규모 무역을 통해 수입된다. 압록강을 따라 성사되는 밀무역은 점차 늘고 있으며, 그 품목도 다양해지는 추세다. 단둥에서 만난 북한 당국의 국장급 인사는 "밀무역 규모가 10억 달러 정도는 된다"라고 추산했다. 단둥 인근 지역은 압록강의 강폭이 넓어 직접 건널 수 없지만 상류의 혜산 등지를 통하면 도랑물 정도의 폭으로 좁아들어 얼마든지 드나들 수 있다고 한다.

미국 시민권자로 30여 년간 북한 무역에 종사해온 박 사장은 "심지어 북한 쪽에서 필요한 물품 내용을 건네주면 중국 측에서 바로 건네는 방식도 성행한다"고 말한다. 특히, 작은 지역의 경우 그 동네 당국자에게 금품을 조금만 건네면 얼마든지 가능하고 이러한 구조 때문에 각 지역의 책임자들은 상당한 돈을 챙기고 있다고 한다. 뿐만 아니라 병사들에게는 라면 한 상자만 건네도 심야를 이용해 건너편 북한에 보따리 물품을 전달하는 게 가능하다고 박 사장은 설명한다.

성씨가 '서'라고만 밝힌 조선족 무역상은 북한 밀무역 거래의 수준을 나름 4등급으로 분류했다. 3,000달러 정도의 그야말로 보따리 장사, 1만 달러급, 10만 달러급, 100만 달러 이상급의 대규모 밀무역상으로 나눌 수 있다는 것이다. 조선족 무역상은 "북한의 공식 무역 채널이 붕괴되었다"고 판단하면서 "이에 따라 각 지역의 밀무역이 아주 성행하고 있다"고 진단했다.

현재 북한은 모든 것이 부족하다. 의, 식, 주 가운데 주택 말고 식량을 비롯한 생필품은 절대 부족이다. 전력난으로 이를 제조할 형편도 안 된다. 나진 등 여러 루트를 모두 체험한 박 사장은 "식량은 절대적으로 부족하고 치약, 비누 등도 밀무역의 기본 품목들이다"라고 말하면서, "아무리 부족하다 하더라도, 이를테면 쌀의 경우 한 번에 많은 양을 풀면 작은 지역에서는 쌀값이 하락하는 문제가 생겨 양 조절 때문에 어려움을 겪는다"고 북한 경제의 구조적 문제점을 지적하기도 한다. 그는 "한때 콘돔과 항생제가 인기 품목이었는데, 이는 북한 내 매춘이 성행했기 때문이었다며 북한도 시시각각 필요 물품이 바뀌고 있다"고 전했다. 단둥에서만 15년을 거주한 한 주민은 "전력난을 겪고 있는 북한 주민들이 한국 드라마를 보기 위해 단둥에서 배터리를 대거 구입해 간다"고 말한다. 자체 배터리를 설치해서 심야에 한국 비디오를 본다는 것이다.

북한 물자교역의 일번지인 단둥은 북한 경제의 창구로서 이전만 못하다는 게 중평이다. 그 이유는 폐쇄적인 북한 측의 태도 때문이다. 압록강을 마케팅 수단으로 삼고 있으면서 신의주를 단둥에 선점당했기 때문이다. 폐쇄된 상황으로 교역을 활성화하겠다는 북한 측의 태도는 모순이다. 드나들고 왕래할 수 있어야 교역도 활성화되고 돈도 돈다. 북한이 이 점을 간과한 채로 외화벌이를 재촉하는 것은 분명 한계가 있다. 교역세계는 변화하고 있는데 교역의 구조를 모르니 어떻게 이득을 취하겠는가.

북한의 국장급 인사는 "나라에서 왜 돈을 풉니까. 그게 무슨 뜻입니까?"라고 묻는 등 최근 미국의 양적 완화와 같은 경제상황을 이해 못하겠다고 한다. 그게 외화벌이 최전선에 나선 그나마 배웠다는 북한 간부급들 인식의 현주소다. 북한의 국장급 인사는 "북한 망합니다. 어르신(김정은을 지칭함) 시키는 것 말고 안 합니다. 그게 언제냐는 것이지 시간문제입니다"라며 미래에 대한 기대를 체념하듯 연거푸 압록강 맥주를 마셨다.

단둥의 강남, 신청취

新城區

    압록강은 한반도를 상징할 만한, 아름다운 강이다. 많은 섬을 거느리고 있는 그 미려한 모습은 이를 증명한다. 단둥과 신의주 사이의 압록강 하류만 보더라도 철교 위쪽에서부터 조선 건국의 계기가 되었던 이성계李成桂의 위화도威化島를 비롯해 황금평, 상도와 하도, 그리고 주단도(비단섬), 신도 등 여러 개의 섬이 징검다리처럼 놓여 있는 모양새다.

    압록강에는 280여 개의 섬이 있고, 대다수가 북한 소유다. 그 가운데 현재 가장 주목받는 섬은 황금평도黃金坪島다. 황금평이라는 글자 뜻 그대로 황금빛 평야 곡창지대가 펼쳐져 있다. 인천항에서 페리를 타고 단둥항에 내려 차량을 이용해 해안도로를 타고 가다 보면 우측으로 광활한 지대를 볼 수 있다. 황금평이다.

    언뜻 보면 잡풀이 우거져 보이기도 하지만 벼가 누렇게 익어가는 벼를 볼 수 있는 경작지대다. 황금평이 주목받는 이유는 이곳이 향후 중국과 북한의 경제자유지대 건설이 추진 중이기 때문이다. 이미 양국 간 조성이 체결된 상태인데 아직 큰 진척은 없는 상황이다. 황금평 경제자유지대를 조성한다는 야심찬 계획에는 신의주와 단둥 신도시를 연결하는 신압록강대교 건설도 들어 있다. 신압록강대교는 이제 상판 하나만 연결하면 구조물 공사가 끝나는 단계에 이르렀다. 다리가 연결된 신성구는 앞서 언급했듯이 경제자유지대의 배후도시로서 단둥을 상전벽해桑田碧海로 바꿔 놓고 있다. 단둥시의 개발계획 조감도를 보면 황금평에 보세구역도 설치될 계획이다. 경제자유지대를 조성함으로써 북한의 값싼 노동력을 통해 제품경쟁력을 높이고자 한 전략으로 보인다.

황금평은 다른 섬들과 달리 압록강 한가운데 자리하고 있지도, 북한 쪽에 붙어 있지도 않는다. 반대로 중국 단둥시와 바로 도랑물 하나 사이를 두고 붙어 있다. 자세한 내력은 모르겠으나 그럼에도 불구하고 북한 소유라고 한다. 이러한 지리적 위치 때문에 중국은 이 지역을 탐내고 있다. 북한은 이를 의식하여 중국이 신압록강대교 건설 비용 전부를 부담하게 하며 단지 조성에 박차를 가하기도 했다.

황금평 입구에는 북한 측에 물건을 던져 보내지 말라는 등의 경고문이 걸려 있어 이곳이 국경임을 알리고 있다. 국경 경비대원들은 보이지 않는다. 철조망 앞에서 사진을 찍던 한 무리의 중국인들은 하얼빈에서 견학을 왔다는 짧은 대답만 남기고 황급히 떠난다. 황금평 경계에는 5.6 ㎞의 철조망이 쳐져 있어 마치 우리와 북한 간의 철책선을 연상케 한다. 철책은 양국 간의 긴장이 고조되어서가 아니라 이곳을 통해 월경하는 북한 사람들을 막기 위한 북한 측의 요청으로 지난 2010년 설치되었다. 이전에는 그냥 가시철조망 정도였다고 한다.

황금평과 신압록강대교, 그리고 단둥항에서 단둥시로 이어지는 배후도시는 압록강을 마주한 신의주와 단둥 간 공동번영의 밑그림을 제공하고 있다. 그런 연유인지 2015년 두 번째를 맞는 북중 경제문화박람회도 2015년 10월 10일부터 일주일간 단둥 시내 신성구 신시가지에서 성황리에 개최되었다. 이를 볼 때 황금평 개발 진척이 북한 개방의 척도로 작용할 가능성이 크다.

단둥의 대북 당국자들은 언제 완공될지 예측하기 어렵다는 전망을 하고 있다. 그러나 분명한 것은 3km에 달하는 신압록강대교가 완공되면 기존 압록강철교를 통한 이동보다 더 많은 차량 출입이 가능해져 물류 인프라가 업그레이드되는 것이다. 단둥의 한 조선족 인사는 "사실 북한이 신압록강대교의 개통을 달가워하지 않는다. 이는 이 다리가 중국에만 유리한 여건을 제공해준다고 판단해서인데 이러한 분위기가 황금평 개발에도 변수로 작용하는 것"이라고 분석했다.

장래 그림이 그렇다 치더라도, 중국 측은 단둥을 압록강변의 국경도시가 아니라 국제경제도시로 발전시키기 위해 착실히 준비하고 있다. 그리고 이러한 변화는 현지 어디서든 피부로 느낄 수 있다. 이를 볼 때 단둥은 북한 측으로부터 조속한 신호를 기다리고 있지만, 최근 북한의 행보를 보면 황금평을 통한 접근보다 독자적인 접근을 도모하는 듯하다.

일전 《아사히신문朝日新聞》은 북한이 외국 자본을 유치하기 위해 토지장기이용권을 제시했다고 보도했다. 북한이 경제특구 14곳을 신설해 외국 기업에 50년에 걸친 토지이용개발권을 제의한 사실이 북한 국가경제개발위원회가 작성한 투자제안서를 통해 확인됐다는 것이다. 일부 개발구를 제외하고는 외국 자본이 독자적으로 사업할 수 있도록 허락하고 있는 것이 특징이다. 이 특구들은 개별 면적이 4㎢ 이하로, 북한이 한국이나 중국과의 경제협력을 위해 지정한 개성공단(66㎢), 황금평-위화도 경제지대(23㎢)에 비해 소규모다. 북한의 경제개방전략이 급선회한 것인지 두고 봐야겠지만, 현재 북한의 여건을 보면 실현되기란 쉽지 않아 보인다. 개성공단 문제도 아직 매듭짓지 못한 상황에서 다른 경로로 외국 자본을 끌어들인다는 전략이 현실성 있는지는 지켜봐야 할 것이다.

중국 측과 정치적·외교적 이해관계나 전략을 감안한다 하더라도 황금평에는 매력적인 인프라가 구축되고 있다. 이를 고려할 때 북한이 자유무역지대를 통한 경제개발의 최적지로 삼고 있다는 데는 이의가 없다. 인적·물적 관리가 용이하고 단둥항을 통해 물자를 해외로 수출할 수 있는 제반 여건이 좋을 뿐 아니라, 이를 통해 기왕의 교역창구인 중국 단둥-신의주를 상수로 하는 대외교역을 더욱 확대시켜 나갈 수 있다는 판단이다.

2016년 중 신압록강대교가 개통되면 답보상태의 황금평 개발 분위기가 달라질 거라는 조심스러운 전망도 단둥 현지에서 들린다. 그러나 안타까운 것은 북한의 경직된 태도로 인해 변경무역의 최적지인 압록강과 그 주변을 중국이 모두 장악하고 있는 판도라는 점이다. 신의주 창구로 문을 열지 못하면 개방개혁이라는 것은 요원한 이야기처럼 들릴 수밖에 없는 이유가 여기에 있다.

큰 그림에 대한 진척은 외면하고 단둥에서 자잘한 외화벌이로 고군분투하는 모습이 현재 북한 대외경제의 현재 상황이다. 압록강의 용수用水, 풍부한 인적 자원, 입지적 여건 등 개성공단과는 다른 성격의 황금평이 그야말로 '황금의 땅'으로 변모될 날은 언제 올까.

대북관문 단둥의 마력

 긴급속보 '김정은 아저씨uncle의 처형'. 세계를 긴장시킨 뉴스의 장본인 장성택은 북한 김정은에게 아저씨다. 북한의 젊은 권력자가 휘두른 피의 숙청이 향후 어떻게 전개될지 예의주시해야 할 대목이다. 그 가운데 한 가지 시나리오는 장성택 추종자들의 탈북시도다. 김정은이 이들을 순차적으로 제거할 것이라는 추측과 함께 이것이 1인 지배체제 강화를 위해서는 필요한 절차라는 분석도 있다. 그렇기 때문에 북중 국경은 늘 관심의 대상이고 계속적인 주시의 대상이다.

 중국은 이미 탈북자들의 월경을 막기 위해 국경에 철조망을 강화하는 등 방어막을 쳐왔다. 이는 대량 탈북사태에 대비한 위기관리 차원이다. 다시 말하면 북한 내 돌발사태 발생 시 북중 국경은 대폭발의 현장이 될 수 있다는 이야기다. 북한과 중국의 국경에는 동으로 두만강, 서로는 압록강이 서로 다른 방향으로 흐른다. 압록강 하구의 중국 쪽은 단둥이다. 신의주와 압록강철교로 연결되어 있는 단둥은 북한 워치Watch의 핫 포인트Hot Point다. 만약 국경에서 거대한 돌발사태 발생 시 단둥 역시 소용돌이칠 것이 분명하기 때문이다.

한국과 중국은 여러 도시가 뱃길로 연결되어 있다. 인천, 평택, 군산 등에서 웨이하이威海, 옌타이烟台, 단둥 등지로 갈 수 있는 코스가 다양하다. 그만큼 왕래가 빈번하다는 것이다. 이들 코스 가운데 인천-단둥 간 코스가 가장 활발하다. 아무래도 중국 동북3성의 조선족들의 이용이 빈번하고 단둥이 국경도시로서 새롭게 떠오르고 있기 때문이다. 실제 인천에서 출발하는 단둥 페리는 600명 정원인데 대다수가 조선족이다. 그들의 양손에 한국산 전기밥솥과 한국산 마른 김이 쥐어져 있는 풍경을 흔히 볼 수 있다.

압록강변을 따라 형성된 단둥 신도시는 흡사 홍콩 해변을 보는 것 같다. 고층 빌딩이 늘어선 풍경은 압록강을 하나 두고 떨어진 신의주의 모습과는 너무도 대조적이다. 한적한 변방 국경도시였던 단둥이 중국의 집중적인 정책으로 인해 무섭게 변모하는 사이, 북한의 닫힌 대외정책은 신의주를 침묵의 도시로 비치게 만들었다. 한 국가의 정책이 한 도시의 모습을 완전히 바꿔 놓고 있음을 증명하고 있다. 특히, 단둥-신의주 간 경제특구에 대한 기대감으로 두 도시 사이의 왕래도 증가하고 있다. 실제 인천에서 상하이上海나 베이징北京과의 거리보다 단둥 시내가 더 가깝다. 무엇보다 단둥은 현재 육로를 이용해 북한 내부로 출입할 수 있는 가장 큰 관문이다.

단둥은 대북 위기관리의 거점 도시로서 매우 중요한 지리적 위치를 점하고 있다. 만약 대규모 인원의 탈북이 현실화된다면 필시 단둥이 그 관문이 될 것이다. 그럴 경우 단둥으로 탈출한 탈북자들을 가장 안전하고 빠르게 한국으로 데리고 올수 있는 경로가 바로 단둥 뱃길이다. 베이징을 경유하지 않고 바로 선박에 태워 인천까지 수송이 가능하다. 이 점에서 단둥은 우리에게 매우 중요한 전략적 요충인 셈이다. 한국은 이 같은 시나리오에 대비해 단둥에 배후시설을 준비해 둘 필요가 있다. 중국 당국과의 외교적 사전 조율도 필요하다. 이를테면 돌발사태 시 임시로 대규모 인원을 수용하는 난민촌 건립의 도상 시나리오 검토 등 정책적인 계획을 마련해 둬야 한다.

그냥 점잖게 통일된다는 가정은 환상에 가깝다. 통일 국면에 어떤 방식이든 격변의 소용돌이와 많은 북한 주민들의 이탈이 이뤄질 것이 분명하고 이는 이미 독일 통일 과정에서 익히 관찰한 바 있다. 당시 서독은 이 부분을 행정적으로나 외교적으로 잘 관리해 동독을 탈출한 동독인들을 자국민으로 대우해주며 서독으로 안전하게 데리고 와 정착시키는 프로그램을 가동시켰다. 물론 북한 내 변혁이 성공하려면 동독인들이 그랬던 것처럼 북한 주민들의 의사와 열망이 절대적이어야 한다. 서독은 열차 편으로 대규모 탈출자들을 데리고 왔다. 이는 우리에게 아주 중요한 장면 중 하나다. 단둥이 바로 그 거점으로 기능할 것이다.

단둥의 풍경을 잠시 덧붙이면, 단둥 시내의 한국식 민박은 요즘 이방인들에게 인기다. 한국식 민박은 집처럼 편안한 분위기에서 가정식

백반을 먹을 수 있다는 장점 때문에 한국인들이 선호한다. 국경절 연휴에는 민박집 방이 동이 날 정도다. 필자 역시 '단둥 게스트하우스(연락처: 단둥에서 0415-3125697, 한국에서 013-0297-3999)'라는 민박집에 어렵사리 머물 수 있었다. 압록강을 거실에서 감상할 수 있다 보니, 그야말로 압록강변의 호텔 분위기를 충분히 연출하고 있는 민박집이다. 민박집 주인의 음식 솜씨와 푸근한 마음 씀씀이도 객지의 나그네에게 큰 위로가 되었다. 매끼 입맛을 잃지 않도록 식탁 위엔 정갈한 반찬과 푸짐한 음식이 차려진다. 어느 손님은 "이러다 민박집 생활 오래 하면 비만 걸리겠다"고 농담할 정도다. 뿐만 아니라 여행길에 눅눅해진 옷가지도 엄마의 손길로 세탁해 주어 집에서와 같은 호강을 누릴 수 있다.

단둥은 여러 부류의 사람들이 '코리안'이란 이름을 달고 오가며 교류한다. 이는 미래의 통일한국 사회를 보는 듯하다. 언젠가는 찾아올 통일의 그날, 그동안 다양한 호칭으로 흩어진 한국인들을 한데 부르는 말이 필요할 테니 말이다. 단둥에서 '코리아'는 한국만을 의미하지 않는다. '코리아'라 불리는 이들은 한국인, 탈북자, 북한인, 조선족 등 다양하다. 단둥 시내 식당들도 한국식당, 평양식당, 조선족식당 등 간판에 그 정체성을 명시해 놓고 있다. 단둥역에서 멀지 않은 단둥 코리아타운엔 식당, 식료품점, 병원 등 다양한 상점들이 한글 간판을 달고 있다. 거리에는 한국인, 북한인, 조선족 할 것 없이 서로 다른 국적의 상점들로 출입한다.

한국산을 전문적으로 판매하는 상점엔 미디어의 영향인지, 유행을 따라 손님들이 찾는 물건들도 빠르게 변한다고 한다. 박카스를 찾는 북한 무역상도 있고 미숫가루를 찾는 이도 있다. 전통적으로 많이 판매되던 인삼 같은 상품은 인기가 퇴색된 편이다. 시대와 세태의 변화에 따른 자연스러운 풍경인 셈이다. 단둥이 바로 이 모든 풍경들의 교차점이다. 단둥은 분명 미래 한국인들이 융합할 수 있는 현장으로서 민박집처럼 푸근한 해법을 찾을 것이다. 그러기 위해선 우리의 정책적·현실적 노력이 필요하다.

단둥과 통일됫박론

쌀이나 보리의 양을 재는 데 사용하는 기구를 '됫박'이라 일컫는다. 전쟁의 상흔으로 인해 가난하기만 했던 시절, 쌀가게에선 쌀이나 보리를 됫박에 담아 팔았고 당시 세대는 그렇게 끼니를 때웠다. 당시 한 되는 1.8ℓ 정도였고, 열 되는 한 말이었다. 그리고 열 말이 한 가마가 되었다. 다시 말해 작은 되들이 모여 큰 말이 되는 것이다. 저울도 변변치 않았던 시절에는 그렇게 해서 한 되, 두 되 자루에 쌀을 퍼 담곤 했다.

2015년 박근혜 대통령이 언급한 '통일 대박' 이야기가 화두가 되었다. 통일이 궁극적으로 우리 민족의 번영을 가져올 것이라는 결과론적인 낙관론이다. 그러면 대박은 어떻게 오는가? 개미 주식 투자자가 어느 날 요행으로 거금을 손에 넣는 방식으로 오겠는가. 통일 대박은 그런 성격이 아닐 것이다. 과거 금강산 관광객 박왕자 씨 피격사건은 남북관계를 급속히 냉각시켰다. 금강산 관광은 말 그대로 경색 상태다. 피격사건 이후 한국 정부는 남북 간 물적·인적 교류를 중단한 5·24조치를 해제하지 않고 있다. 그러던 2014년 북한의 제안이 있었다. 이산가족 상봉과 금강산 관광 재개를 포괄적으로 풀자는 제의였다. 한국 정부는 이산가족 상봉만 수용했고, 이후 금강산 관광객 피격사건 이후 처음으로 금강산에서 이산가족 상봉이 이뤄졌다.

하지만 금강산 관광 재개는 논의조차 중단된 채 답보상태다. 사실 금강산 관광의 취지는 남북 간 왕래의 폭을 넓히고자 하는 데 있었고, 제한된 공간인 금강산에서의 관광형식에 합의한 것이다. 이는 전면적인 남북 간 왕래가 여의치 않은 상황에서 의미가 큰 작은 왕래였다. 비유하자면 됫박 수준의 왕래인 셈이다. 지금은 이 됫박조차 막힌 상태다. 됫박이 막혔는데 그 다음 수순인 말이나 가마니 수준으로 바로 이어지겠는가?

하지만 이 '됫박론'을 단둥이라는 공간에 대입시켜 보면 다른 돌파구를 찾을 수 있다. 신의주 당일관광이다. 현재 단둥에선 외국인 관광객을 대상으로 신의주 당일관광상품을 판매하고 있다. 강 하나만 건너면 되는 가까운 거리니 당일관광만 해도 좋은 구경을 할 수 있기 때문이다. 이 관광상품을 한국인에게도 판매할 수 있는 조치가 취해진다면 어떨까.

일일티켓 형식으로 한국인들에게 신의주 당일관광을 허락한다면 지금보다 많은 이들이 신의주를 찾을 것이고 북한 당국도 적잖은 관광수입을 가져갈 수 있다. 과거 동서독 분단 시 동베를린을 하루 동안 관광할 수 있는 프로그램이 실제로 시행되었다. 이는 외국인뿐만 아니라 서독 주민들에게 큰 인기를 끌었고 동독 당국도 짭짤한 외화벌이 창구로 활용했다.

이러한 전례도 참고삼아 기왕의 관광상품에 '한국인 참여 가능'이라는 조항만 포함해 판매하는 것이다. 신의주는 그 점에서 지리적으로나 공간적으로나 안성맞춤이다. 변경지역이라 북한 당국의 우려도 덜할 것이고 당일 오가는 교통편도 적절한 편이다. 물론 이를 위해서는 남북 간에 협의와 합의가 있어야 할 것이다.

결과적으로 금강산 관광 재개도 되어야겠지만, 차제에 신의주 관광도 가능하게끔 하는 남북 간에 대화가 시작되어야 할 것이고 그 점에서 우리 정부의 좀 더 유연하고 적극적인 정책 전환이 필요하다. 단둥-신의주 관광상품은 통일 대박을 꿈꿀 수 있는 뒷박 역할을 할 수 있기 때문이다. 이렇게 당일관광의 활성화를 통해 더 큰 문을 열어가는 접근의 변화가 절실하다.

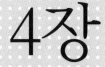

4장

단둥 이부콰에서 부친 편지 – K에게 (1)
一步跨

K, 단둥에서 남북관계 경색에 따른 어려움을 호소하는 이야기를 많이 듣습니다. 한국 정부의 5·24조치로 인한 인적·물적 교류의 제한 이후 장사도 잘 안 되고 있다는 것이 관련 업계 종사하는 한국인들의 주장입니다. 정확한 통계를 제시할 수는 없지만, 일리가 있는 말입니다. 이전만 못하다는 것이죠. 그도 그럴 것이 단둥은 북한 교역 물량의 70% 이상이 드나드는 관문입니다.

공식 교역 물자는 압록강철교를 통해 드나듭니다. 중심 역할의 관문에 활력이 없다는 것이죠. 단둥은 가장 큰 관문이라는 점을 다시 한 번 강조하려고 합니다. 며칠 머물다 떠나는 관광객 말고 단둥에 둥지를 틀고 있는 사람들은 직간접적으로 북한과의 비즈니스를 염두에 둔 이들입니다. 북한이라는 축을 생략하고는 단둥에서 코리안을 설명할 수 없습니다. 그렇기 때문에 음으로 양으로 단둥에서 포착할 수 있는 북한의 동향은 남북 간 온도를 재는 바로미터이기도 합니다. 단둥 내 경제의 활력 회복은 남북관계의 활성화를 예고하는 지표로 봐도 된다는 이야기입니다. 중국 변방의 단둥을 전략적으로 고려해야 하는 이유이기도 합니다.

잠시 독일 통일 이야기를 해봅시다. K도 잘 아는 바와 같이 독일 통일은 제3국으로부터 구체적인 움직임이 시작되었습니다. 휴가길에 나선 동독인들이 헝가리와 프라하Praha의 서독대사관으로 진입해 자유로운 서독행을 요구하면서 극적으로 통일 국면에 들어서게 되었습니다. 이처럼 주변 지역으로부터의 압력이 동독 라이프치히Leipzig 월요데모 등 일련의 개혁요구로 이어지면서 통일의 불길은 들불처럼 타올랐습니다. 누구도 예상 못한 시나리오였습니다. 당시 학자들은 이러한 현상에 대해 이론적 설명을 시도했지만 모두 무위에 그쳤습니다. 동독 정부는 동독 주민들의 요구를 제대로 이해하지 못했고 타성적인 도상훈련 차원의 해법을 제안하는 데에서 벗어나지 못했습니다.

한반도에도 독일과 같은 통일 국면이 조성되지 않으리라는 보장이 없습니다. 남북 간 경색된 국면이 장기화되면서 어느덧 분단의 역사는 70년을 넘어섰습니다. 어쩔 수 없다는 상황론만으로 설명하기에는 너무도 긴 세월이고, 이산가족 당사자들에게만 국한된 사연이 아닌 우리 모두의 가슴 아픈 일이죠. 한국의 통일위원회는 경력이 화려한 명망가들로 구성되었습니다. 통일에 대한 로드맵을 짠다고 합니다. 중요한 일입니다. 그러나 그냥 앉아서 탁상공론만 하고 있다는 감을 지울 수 없습니다.

통일론 방안에 대한 연구는 무수히 많습니다. 지금 우리가 그러한 연구 성과물이 적어서 통일에 길을 열지 못한 것은 아닙니다. 통일을 원론적인 방식으로만 접근하려는 관료주의적 행태가 그냥 형식으로 그칠 수밖에 없다는 건 우리가 경험으로 많이 겪어 왔습니다. 지난 이명박 정권이 내놓은 통일 방안에도 허울뿐인 좋은 내용들은 다 들어 있습니다. 박근혜 대통령은 2014년 8·15 경축사에서 '환경, 민생, 문화 3개 통로를 먼저 열자'고 제안했습니다. 좋은 제안입니다. 설령 당장 여타 합의가 안 되더라도 비정치적 분야에서의 교류협력을 위해 반드시 실천되길 소망합니다.

그런데 이러한 통로를 열기 위해서는 인적·물적 왕래가 전제되어야 합니다. 사람이 오가면서 서로 만날 수 있어야 이야기도 할 수 있는 것이지, 그러한 전제를 조성하지 않은 채 하는 제안은 현실성이 떨어질 수밖에 없습니다. 그저 대통령의 경축사용 제안에 그칠 공산이 크죠. 물론 제안 내용이 수용돼서 회담이 열리고 산적한 문제들을 한 가닥씩 푸는 것이 정상적인 방법이라는 건 누구나 아는 사실입니다. 동시에 지금 남북 간 현실에서 그런 방식이 통하지 않을 것이라는 것 역시 누구나 알고 있는 바입니다. 그렇기 때문에 전환이 필요합니다. 실질적인 진전을 위한 아주 실제적인 방법 말입니다.

K, 다시 독일에서의 경험담을 공유하고자 합니다. 1961년 새벽 베를린장벽의 구축공사가 시작되었습니다. 청천벽력 같은 조치였습니다. 이 때문에 자유왕래가 가능하던 베를린시는 두 동강이 나버렸습니다. 이

때 브란트 시장을 비롯한 베를린시 책임자들이 취한 방도는 당장 베를린장벽 철거가 불가능한 상황임을 인식, 단절로 인한 주민들의 인간적 고통을 덜어주자는 것이었습니다. 당시 4강인 미국 등 우방들도 동독과 서독을 설득했으나 성과는 없었습니다. 결국 이들이 택한 전략은 동독을 직접 설득하는 것이었고, 에곤 바 등 베를린시 당국자들은 끈질기게 노력해 크리스마스 이산가족 상봉을 이끌어 냈습니다. 이를 계기로 이산가족의 상봉은 정례화되고 확대되어 갔습니다. 이것이 이른바 동방정책의 시발점입니다. 작은 걸음의 접근을 통해 변화를 꾀한 것입니다.

물론 통일 논의 연구도 좋지만, 남북관계의 빗장을 풀 수 있는 작은 조치들부터 해나가는 것이 현실적인 방도입니다. 그러기 위해서 남북 인적·물적 교류의 장애를 우리가 먼저 거두어야 합니다. 이 같은 선조치 없이 무수하게 제의해봤자 그다지 효용을 기대하기 어렵습니다. 남과 북이 서로 상호주의를 고수하는 한 경색 국면에 대한 해법을 찾아내기란 쉽지 않습니다. 국내 정치를 위한 상호주의 고수가 과연 통일을 위한 대승적 결단에 바람직한 원칙인지 거듭 돌아볼 때입니다.

K, 북한을 직간접적으로 설득하는 모든 외교적·정치적 열량을 강화해 나가야 합니다. 이를 위해선 중국을 이해시키고 설득하는 것은 필수겠죠. 제3국에서 붙잡히는 탈북자 문제만도 그렇습니다. 이들의 북송北送을 막고 중국과 국제사회에 인도적 문제를 부각시키는 일이 더 중요한 일이지, 엄중한 현실은 외면한 채 영양가 없는 위원회에서 혈세를 낭비하며 통일 대비 연구나 하는 게 통일을 여는 길은 아니라고 봅니다. 지

금 한국 정부는 절박함을 호소할 노력은 물론 통일에 대한 진정한 염원도 없어 보입니다. 통일담론과 현실 대처 방식은 그 괴리가 너무 큽니다. 그래서 더더욱 정부의 통일노력이 위선처럼 보입니다. 완벽한 청사진을 만드는 작업이 완성된다고 한들, 완벽한 통일을 가져올 수 없습니다. 그러기에 일부의 노력으로라도 인간적인 고통을 덜어주는 남북관계 개선에 심혈을 기울이는 편이 현실적입니다. 사실 이조차 많이 늦은 편이지요.

분단 70년, 너무 긴 세월입니다. 드레스덴 선언Dresden Declaration은 이상에 그칠 공산이 큽니다. 제3국인 중국 단둥에서 한국인들의 신의주 당일관광이 가능토록 하는 개선조치가 오히려 통일로 갈 수 있는 더 중요한 일보−步입니다. 바로 가는 길이 여의치 않으면 우회해야 합니다. 마치 모세가 먼 길을 돌아 가나안으로 돌아갔듯이 말입니다. 보기 좋은 청사진을 만드는, 미사여구로 포장된 통일 방안이나 통일 준비는 이제 구태의연한 접근법입니다. 위원회 구성 같은 접근법은 이제 지양하고 실천적이고 현실적인 방법으로 막힌 데를 풀어야 합니다.

K, 인천에서 배편을 이용해 단둥을 한 번 둘러봐 주실 것을 간청하면서 해후의 날을 기다립니다. 그 여정이 통일을 생각할 수 있는 꽤 괜찮은 시간이 될 것이라고 봅니다. 한반도 북쪽에 대한 그리움과 압록강 맥주, 그리고 압록강철교에서 바라보는 어둠 짙은 신의주 풍경은 이미 준비되어 있습니다.

타이핑완 밀거래 현장
太平灣

압록강에는 두 개의 댐이 있다. 수풍水豊 댐과 타이핑완太平灣댐이다.
일제강점기에 건설된 수풍댐은 우리에게 많이 알려져 있지만, 압록강
하류의 타이핑완댐은 다소 생소하다. 타이핑완댐은 1979년 중국과 북
한이 합작해 완공했다. '타이핑완'이라는 이름이 암시하듯 댐은 압록강
하류에서 굽어진 곳에 자리하고 있어 일반 도로 위에선 잘 보이지 않는
다. 단둥에서 허커우河口행 버스를 타면 타이핑완을 그냥 지나치기 쉽다.
타이핑완을 둘러보려면 주유소 못 미쳐 우회전을 해 좀 더 안쪽으로 들
어가야 한다. 단둥에서 출발한 차량의 오른쪽 차창에 압록강을 담고 가
다가 구러우쯔古樓子에 들어서면 강변 풍경이 슬그머니 사라진다. 그곳
이 바로 타이핑완 유역이다. 타이핑완 유역은 강폭이 좁은 압록강 상류
에서 강폭이 넓어지는 하류지역으로, 그 건너편은 북한 행정구역인 삭
주군 방천리다.

타이핑완 마을은 읍 규모로 타이핑완 발전소에 기대어 살아가는 발전소 마을이다. 병원부터 시작해 체육관 등 발전소 관련 시설들이 들어서 있고 오래된 단층 아파트가 시내를 구성하고 있다. 마을 그 자체로는 별 특색이 없고 쇠락한 분위기가 역력하다. 압록강변 마을들이 저마다 특색을 자랑하면서 먹을거리나 구경거리를 조성해 관광객을 불러모으려는 모습과는 사뭇 다르다. 눈에 띄지 않는 외진 곳에 위치한 탓일까? 아니면 차량 왕래가 쉽지 않은 곳이다 보니 쇠퇴할 수밖에 없던 것일까?

　　타이핑완은 필자에게 특별한 기억을 남긴 곳이다. 강姜 할머니에 대한 기억 때문이다. 하얼빈에 거주했던 조선족 강 할머니는 당시 72세였다. 하지만 열정이나 일처리 욕심은 젊은이 못지않게 넘쳤고 목소리도

타이핑완에서 바라본 북한 발전소

기운찼다. 할머니가 하얼빈에서 상당히 먼 압록강변에 자주 출몰했던 이유는 다름 아닌 북한과 밀무역 때문이었다. 필자가 묵은 단둥 숙소에서 만난 할머니는 어느 날 밤이 이슥해지도록 들어오지 않곤 했다. 훗날 들은 이야기지만, 타이핑완을 통해 밀무역을 감행하느라고 그랬다는 것이다. 친지들이 북한에 있다 보니, 타이핑완 마을에서의 야간 밀거래가 수월한 편이었던 것이다. 압록강 하류 중 강폭이 좁은 편이었던 타이핑완은 북중 밀무역에 매우 용이한 지역으로 유명했다.

타이핑완 마을 외곽으로 발길을 옮기면 이내 강둑이 나오면서 압록강이 보인다. 강 너머엔 헐벗은 산 아래 옹기종기 집들이 모여 있는 마을이다. 타이핑완 강변엔 허리춤 높이의 콘크리트 벽을 세워 놓았지만, 그것이 강 아래로 내려가는 데 장애물이 되진 않는다. 마을 입구에서 타이핑완 발전소까지 곧게 뻗은 방죽길 어디에서도 강 아래로 진입이 가능하다. 그리고 강하江下에는 어느 정도 모래톱이 형성되어 있어 압록강 물에 손을 담글 수 있을 정도로 가까이 접근할 수 있다.

방죽을 내려가는 길엔 악취가 진동한다. 주민들이 쓰레기를 함부로 버린 탓이다. 그래도 햇살 아래 찰랑이는 압록강 물은 유난히 맑다. 이곳 타이핑완 언저리까지의 압록강 물은 오염 없는 청정수에 속한다. 허나 40여 km 아래는 오염된 강물이 탁하기 그지없다. 강가 앞에는 거룻배 몇 척이 밧줄에 묶여 정박하고 있다. 두서너 명이 타면 족할 아주 작은 나무배다. 강가에 시멘트 말뚝만 하나 박아둔 임시 선착장이다. 그 언저리에 그물이 쳐져 있는 것을 보면 고기잡이용으로도 쓰이는 듯하다.

배를 보는 순간 강 할머니가 떠올랐다. 압록강 하류는 웬만한 추위에도 얼지 않기에 배를 이용해야 한다. 아마도 강 할머니는 저 배를 타고 밀무역길에 나섰던 것은 아닐까 추측을 해봤다. 타이핑완 마을에서 댐까지 이르는 방죽에는 중국 측 경계초소도 없다. 마을 사람들은 낮이고 밤이고 마실 나오거나 운동을 하는 곳이다. 배를 타고 서너 번 강하게 노를 저으면 닿을 수 있을 정도로 가까운 거리다. 요즘처럼 북중 경계가 심하지 않은 시절에는 얼마든지 야간 밀무역이 가능한 장소다 보니, 강 할머니 같은 밀거래꾼들이 주로 이용하던 장소일 것이다. 실제 압록강 하류 단둥에서는 배 위에서의 밀거래도 성행하고 있다.

이처럼 북중 간 밀무역은 규모를 가늠하기 어려울 정도로 성행하고 있다. 하얼빈 강 할머니가 단둥에 모습을 드러내지 않은 지 4, 5년 되었다. 북한의 경계 감시가 강화되어 일을 그만 두었는지, 아니면 무슨 변이라도 당한 게 아닌지 걱정이 되고, 행방을 알 길이 없으니 궁금하기 그지없다.

압록강 위를 지나 불어오는 바람이 시원하다. 댐 정문 앞에서 중국 공안이 출입을 막았다. 출입금지라는 것이다. 그곳에서 바라본 강 건너 북한 마을은 더욱 선명하다. 마을엔 자동차가 지나가고, 어귀에는 비닐하우스도 세 채 정도 보인다. 이제 북한 주민들도 겨울에 비닐하우스 재배를 한다는 것인가?

타이핑완 발전소에서 시작된 북중 간 송전선은 압록강을 건너 북한까지 연결되어 있다. 공동으로 건설한 발전소처럼 다른 분야에서도 서

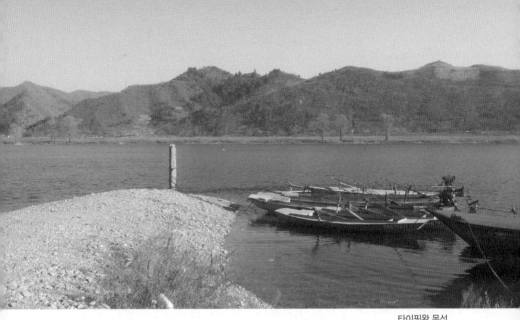

타이핑완 목선

로 협력하면 더 낫지 않을까……. 압록강을 생각하며 늘 떠올리는 아쉬움이 이곳에서도 진하게 다가온다. 중국은 타이핑완 댐에서 위쪽 수풍 댐까지 관광유람선을 운행하고 있다. 유람선 위에선 북한 지역을 좀 더 가까이 볼 수 있다는 점 때문에 중국인들뿐 아니라 한국인들도 자주 이용한다. 그야말로 압록강 인기 관광 코스다. 북한과 중국은 압록강을 공동 이용하기로 했지만 현실은 중국만 유익하게 활용하고 있다. 우리는 우리 자산을 잘 지키지도 못하고 있는 못난 민족인 것이다.

청성교라는 단교
清城橋　　　　　斷橋

　　단둥의 외항인 둥강東港 입구에 신도를 비롯해 황금평, 위화도, 비단섬, 구리도, 도화도 등 많은 섬이 압록강 품 안에 자리하고 있다. 이 섬들은 중국과 북한이 나누어 소유하고 있지만, 북한의 섬이 더 많다. 북한과 중국이 1962년 중조변계조약中朝邊界條約을 체결하여 압록강을 공동 관리하기로 하면서 섬의 소유권을 나눈 것이다. 대체로 북한 쪽에 근접한 섬은 북한 영토, 중국 쪽에 근접한 섬은 중국 영토로 합의 봤지만 예외도 있다. 앞서 말했듯 황금평이 그렇다. 황금평은 중국 단둥에 바짝 근접해 붙어 있지만 북한의 영토로 획정되어 있다.

　　단둥에서 압록강을 따라가노라면 각 섬들의 특징을 발견할 수 있다. 북한의 섬들은 황무지 상태거나 허름한 주택들이 종종 눈에 띄는 반면 중국의 섬들은 이와 사뭇 다르다. 보통 유원지로 개발되어 있거나 현대식 주택들이 들어서 있다. 단둥과 신의주를 연결했던 압록강단교를 따라 압록강 상류로 조금 올라가면, 조선시대 이성계가 회군했던 위화도가 나온다. 북한 땅인 위화도는 초라한 건물들만이 듬성듬성 서 있다. 중국이 만리장성萬里長城 동쪽 기점이라고 설정해 놓은 호산장성虎山長城 아래 구리도 역시 옥수수밭 주변으로 낡은 집들만 덩그러니 있다. 하지만 호산장성 들머리 중국 타이양다오太陽島는 유원지로 개발되어 있다.

중국 쪽 강변을 따라 달리는 버스 차창 밖으로 압록강 너머의 북한 마을을 관찰할 수 있는 것은, 버스여행의 묘미이기도 하다. 단둥 시내를 출발한 버스가 요동대학遼東大學 근처 강변 입구에 들어서면 북한 쪽 풍경은 더욱 가깝게 다가온다.

호산장성을 지나면 이부콰一步跨의 작은 도랑물이 보인다. 북한 변경 관광 나루터에 들어서면 길거리엔 음식점과 집들이 잘 정돈되어 늘어서 있다. 저편 북한 쪽은 허허로운 모습이다. 드문드문 초소가 보이고

호산장성

텅 빈 풍경이다. 중국 쪽 강변은 농사일도 바쁘다. 구불구불 휘감아 돌며 이어지는 강변도로가 상당히 인상적이다. 버스가 구러우쯔를 지나면 강의 모습은 잠시 사라진다. 얼마 후 강이 다시 보일 때는 한참 넓어진 강폭으로 인해 시야가 시원해진다. 이어 버스가 삼거리를 지나 왼쪽으로 올라가면 창티엔長甸과 콴디엔寬甸 만족자치현滿族自治縣으로, 오른쪽으로 가면 허커우에 이른다는 표지판을 볼 수 있다.

콴디엔행 버스는 삼거리에서 정차한다. 단둥에서 60㎞, 1시간 정도 소요된다. 지도로 보면 단둥과 지안輯安 중간쯤의 위치다. 버스에서 내리면 삼거리 주유소 앞에 대기 중인 요상한 모양의 세발 오토바이를 볼 수 있다. 오토바이를 개조해서 만든 관광객용 이동수단이다. 흥정을 하면 15위안 정도의 요금을 내고 탈 수 있다. 곧 타오화다오桃花島가 보이고 관광지에서 볼 수 있는 다양한 간판들이 나타난다. 사실 타오화다오는 육지와 도로로 연결되어 있어 완전한 섬의 형태는 아니다.

타오화다오는 복사꽃 섬이다. 복숭아 생산단지로 유명해 붙여진 명칭이다. 사실 단둥부터 시작해 강변 언덕을 따라 조성된 과수원은 이곳이 복숭아 주산지임을 말해 준다. 봄이면 복숭아꽃 향기가 만발할 것이다. 복사꽃이 흐드러진 이 길은 특히, 강변 드라이브 코스로 명성이 높다. 변경을 따라 구불구불한 2차선 도로를 달리면 옆으로는 압록강과 강변을 따라 만발한 복사꽃이 그야말로 명품 길 그 자체를 증명한다. 아니나 다를까 구러우쯔를 지나 수풍댐에 이르는 길은 타이핑완에서도 가장 아름다운 길로 명명되고 있다.

타오화다오엔 허커우 마을이 자리하고 있다. '중국의 아름다운 농촌 마을 베스트 10'에 선정되었다는 안내문이 가장 먼저 눈에 띈다. 'LOVE'가 빨갛게 새겨진 조형물이 마을 입구에서 방문객을 반기고 있다. 강 건너 '러브' 없는 북한과 극명한 대조를 이루어 묘한 기분을 느끼게 한다. 허커우의 일자로 쭈욱 뻗은 길 양쪽으로는 주택들이 도열하듯 서 있고 곳곳에 상점들이 영업을 하고 있다. 대부분 생선요리를 전문으로 하는 식당이다. 특히, 압록강에서 잡은 물고기로 요리한 생선찜과 압록강 오리알 요리가 유명하다. 식당 간판에는 한글 표기가 필

타오화다오 허커우 마을

수다. 한국 관광객들이 많이 찾는지는 모르겠으나, 주말이면 단둥에서 많은 손님들이 찾아온다고 하니 과연 그럴 법도 하다.

허커우가 유명세를 타기 시작한 것은 근자의 일이다. 농촌마을인 허커우는 조용한 분위기와는 달리 역사적인 장소다. 1950년 6월 25일 전쟁이 발발하자 마오쩌둥毛澤東의 중국은 항미원조抗米援朝에 따라 중공군의 참전을 결정한다. 그리고 중공군은 10월 19일, 드디어 청성교淸城橋를 건넌다. 당시 중국군의 참전 동선은 크게 세 곳이었다. 단둥-신의주 노선,

지안-만포滿浦 노선, 허커우였다. 모두 일제강점기부터 다리로 연결되어 있던 국경지역들이다. 허커우 역시 1941년 일제가 콘크리트로 건설한 청성교를 통해 평안북도 청성과 연결되어 있었다.

기록에 의하면 첫 번째로 참전한 중공군은 인민지원군으로 제39군, 제40군과 지원군 제3병단 부대였다. 중공군은 네 개 루트를 통해 북한으로 신속히 진격했다. 이러한 역사적 사실을 기념하기 위해 허커우 마을에 기념비를 세우는 등 전쟁유적지 공원화 작업이 진행되면서 사람들은 허커우를 찾기 시작했다. 어쩌면 허커우는 한반도 분단사와 분리할 수 없는 역사적 장소인 셈이다.

허커우 마을 끄트머리에 다다르면 동상 하나가 방문객들을 맞는다. 마오쩌둥의 장남 마오안잉毛岸英이다. 당시 그는 청성교를 건너 통역관으로 6·25전쟁에 참전했다가 한 달 만에 전사했다. 그의 나이 28세였다. 당시 마오쩌둥은 중국 최고 권력자였으나 장남을 전쟁터에 내보냈다. 최고 권력자의 아들이 6·25전쟁에서 전사했다는 사실에 조금은 놀랍다. 과연 마오쩌둥은 아버지로서 어떠한 심경이었을까 생각하게 만든다. 한편 중공군 참전 유적지 입구에 마오안잉 동상을 높이 세우고 마을 내에 마오안잉 학교도 건립한 것은 마오쩌둥과 그의 아들을 영웅화하려는 시도로 보인다. 이

마오안잉 흉상

점 역시 허커우의 유명세에 한 몫 하는 듯하다. 당시 중공군 사령관 펑더화이彭德懷보다도 더 이목이 집중될 정도로, 청성교를 건너는 방문객들의 시선을 한 번에 끌 수 있는 길목에 마오안잉 동상이 서 있다는 것은 이 공원의 성격을 암시한다. 한편 중공군의 북한 지원 대열에는 동포인 조선족들도 총을 들고 참전했다는 점도 기억할 필요가 있다.

공원 안에는 너른 광장이 조성되어 있고 강가엔 유람선들이 정박해 있다. 유람선에 오르면 북한 청성군의 강안江岸을 비롯해 수풍댐까지 관광이 가능하다. 탑승권은 1인당 20위안 정도다. 매표소부터 중공군의 참전 당시 흑백사진 기록이 담긴 입간판과 참전영웅들의 흉상이 늘어서 있고, 거기에는 "조선인민군이 남진南進을 시작해 조선전쟁이 발발했다"라는 문구가 새겨져 있다. 청성교 입구 좌측에 감시초소였던 낡은 토치카tochika도 보인다. 청성교는 그야말로 6·25전쟁의 중국판 현장 학습관인 셈이다.

청성교 위에 올라서면 건너편으로 민둥산과 그 아래 마을이 먼저 보인다. 다리는 중간에서 끊긴다. 총 길이 709m에 달하는 이 다리는 단둥 압록강단교와 마찬가지로 교각 세 개가 끊겨 있다. 그래서 철교인 청성교는 6·25전쟁 개전 초기 폭파된 단둥 압록강단교에 이어 '제2의 압록강단교'로 불리기도 한다. 6·25전쟁 발발 당시 북중 간의 주요 통로는 모두 폭파되었다. 청성교 위에 올라서니 광대하게 펼쳐진 압록강이 한눈에 들어온다. 강물은 무척 맑았다. 오리처럼 푸르다는 압록강의 어원이 실감나는 순간이다. 무장한 중공군이 이곳을 건너 6·25전쟁에 개입

토치카

했던 지난 역사가 잘 연상되지 않는다. 청성교 위로 부는 강바람이 차다.

더 이상 건널 수 없는 지점에 이르면, 중국인 안내원 할머니가 망원경을 세워둔 채 서 있다. 망원경으로 북한 청성을 자세히 봐두라는 것이다. 망원경을 한 번 보는 데는 1인당 5위안이 든다. 망원렌즈를 통해 가깝게 잡힌 저 너머를 보면, 좌측 강안엔 몇 사람이 물을 긷거나 빨래하는 모습을 볼 수 있다. 우측 강안에서도 사람들이 뭔가를 잡고 있는 듯하다. 다리 건너편의 북한 초소에는 두 명의 병사들이 보이고 그 뒤로 북한 인공기가 내걸린 큰 건물과 주택들이 있다. 오랜 세월을 겪은 빛바랜 기와집들이다. 망원렌즈의 줌을 좀 더 당기니 좌우로 인공기를 내건 건물들이 보인다. 안내원은 그곳이 북한군 막사이며, 그 아래 큰 건물은 청성군 인민병원이라는 설명을 해준다. 통상 인공기를 달진 않는데 오늘이 특별한 날인 것 같다는 얘길 한다. 마을의 이쪽과 저쪽을 잇는 다리 위로 자전거를 탄 주민들이 유유히 지나간다. 가파른 산등성이는 대부분 민둥산이다. 새로 개간한 땅에 콩과 옥수수를 심는다고 한다. 하지만 왼쪽 저편으로 상당수의 소나무가 서 있고, 오른쪽으론 자작나무로 보이는 키 큰 나무들이 군락을 짓고 있다. 다 밀어낸 산에 한 줌 만큼의 나무들을 남겨둔 이유는 뭘까.

압록강이 흐르는 소리만 들릴 뿐 정적이 감돈다. 강폭도 넓고 수심도 깊어 이곳은 다리를 통하지 않고서는 건널 수 없다. 전쟁 발발 후 미군은 1951년 3월 29일 여섯 차례에 걸쳐 30대의 공군기를 투입해 청성교를 폭파했다. 유엔군 맥아더Douglas MacArthur 사령관의 지시에 따른 조치였다. 중공군의 진입로와 보급로를 차단하기 위한 목적이었다. 이 폭격으로 인해 다리 중간 부분의 약 200m가 끊어지면서 교각 세 개는 강물 속에 덩그러니 남게 되었다. 청성교는 지금까지 그때 그 모습 그대로다.

청성교는 압록강 하류를 연결하는 중요한 다리였다. 청성교를 건너면 평안북도 삭주 땅이 지척이다. 압록강 하류의 풍경은 마치 경기도 양수리의 북한강과 유사한 형세다. 강 양안으로 산세가 높고 물은 푸르며 경관은 멋지다. 청성교 위에서 상류 쪽을 바라보면 멀리 다리 하나가 보이는데, 샹시아지우上下九 철교다. 북한 삭주와 바로 연결되는 철교인데,

청성교에서 바라본 북한 마을

이 다리 역시 단절된 채 형체만 남아 있다.

그 너머가 수풍댐 지역이다. 물도 넉넉하고 산세도 좋아 중국은 일찍이 이곳을 관광지로 개발했다. 같은 지역이지만 대조적인 분위기의 북한 쪽을 보면 동족으로서 그저 안타깝기만 하다. 단둥의 압록강단교나 청성교와 같은 압록강변의 6·25전쟁 유적지는 이미 이렇게 중국의 국가급 명승지로 지정되어 있다. 압록강의 수려한 풍광에 먹을거리를 가미하고, 역사 교육장으로 활용하고 있는 것이다. 물론 압록강이 중국과 북한이 공유할 수 있는 역사의 공간이긴 하지만 북한은 이곳을 빨래터로밖에 여기지 않는 반면 중국은 완벽한 소프트웨어적 접근을 통해 국익에 도움이 될 만큼 충분히 활용하고 있다.

중국은 과거부터 역사와 풍광을 가지고 장사를 잘하는 것으로 유명했다. 재주는 북한이 부리고 돈은 중국이 번다고 표현하면 맞을 성 싶다. 북한이 끊긴 교각 세 개를 복원해서 일일관광식으로 개방하면 얼마든지 외화를 벌어들일 수 있을 텐데 그것조차 안 되는 현실이 아쉬울 따름이다. 실제로 북한이 청성교 지역을 관광특구로 개발한다는 보도가 있었으나, 아직 실질적인 진척은 없는 상황이다.

돌이켜보면 북중 간 주요 교통로서 활용된 청성교가 온전한 모습이었던 건 그리 오랫동안은 아니었다. 1941년 청성교 건설 후 해방이 되고 6·25전쟁이 발발하기 전까지 10여 년 사용된 것이 이 다리의 역사다. 다리가 끊긴 그날 이후 북한과 중국 사이의 왕래 역시 중단되었고 그 기간만큼 시간은 멈추어 있다. 마치 청성교의 동강 난 모습은 분단된 강토疆土의 형상 그 자체다. 댕강 끊긴 청성교의 복원과 관광객들의 왕래가 절실하다. 이것이 한반도가 통일로 갈 수 있는 실질적인 길이기도 하다. 압록강 위의 끊긴 다리들을 복원하는 북중 간 협상을 한국이 중재하는 방법도 있다. 불구가 된 청성교를 지탱하고 있는 콘크리트도 이제 세월의 무심함 속에 색이 바랬다.

청성교 난간 군데군데 달아놓은 스피커에서 중국어 안내방송이 쉴 새 없이 흘러나온다. 중공군의 6·25전쟁 참전을 전하는 역사교육 안내방송이다. 지척인데 갈 수 없는, 접근조차 할 수 없는 저곳 청성의 풍경은 분단 70년 세월이 지났음에도 그대로 멈춰 있다. 이렇게나마 중국 땅에서 북한 땅을 건너보고 전쟁의 역사를 되새길 수밖에 없는 현실이 가슴을 짓누른다.

전쟁의 포성은 오래전 멈췄지만 한 걸음의 진전도 없는 곳, 따라서 나그네의 발길이 멈출 수밖에 없는 냉혹한 현장이 바로 청성교다. 일제 가 만주의 자원을 약탈하기 위해 건설한 다리, 중공군의 6·25전쟁 참전 경로였던 다리 청성교는 이처럼 아픈 역사를 간직한 곳이다. 청성교는 오늘도 말없이 길을 막고 있다. 청성교가 자유의, 만남의, 평화의 다리로 거듭나는 날은 언제일까.

청성교

상허커우철교
上河口

    압록강을 연결하는 다리는 북한과의 교류 제한으로 인해 대부분 닫혀 있다. 6·25전쟁 이후 압록강에 건설된 다리는 단둥과 신의주를 연결하는 신압록강대교가 유일하다. 이마저도 완공 후 개통되지 못한 상태다. 나머지 다리들은 대부분 일제강점기에 건설된 것이고 그중 일부는 6·25전쟁 때 폭파된 채 그대로다. 중공군이 다리를 건너 6·25전쟁에 개입했기 때문이다. 이러한 전력으로 인해 일부 다리들은 왕래가 끊긴 채 고대유물처럼 서 있다. 압록강 상허커우上河口철교도 그 가운데 하나지만, 폭파된 것은 아니고 휴업 상태다. 상허커우철교는 허커우와 수풍댐 중간에 위치해 중국 창티엔長甸과 북한 삭주를 연결한다. 일제강점기까지 삭주와 중국 라오닝성遼寧省 펑청鳳城 간 기차가 다녔다.

    상허커우는 허커우 가는 길과 같다. 허커우에서 10여 km 압록강 상류로 올라가면 상허커우다. 단둥과 상허커우와의 거리는 70여 km 정도 떨어져 있다. 단둥에서 하루에 한 번 상허커우로 출발하는 버스를 타면, 창티엔에 들어갔다가 다시 되돌아 나와 허커우를 경유한 뒤 종착지인 상허커우에 도착한다. 그렇기 때문에 소요시간은 좀 많이 걸리는 편이다. 허커우와 상허커우는 영 딴판이다. 압록강변에 위치한 강변마을이라는 성격은 유사하지만 발전상 차이는 꽤 크다. 허커우가 전쟁 유적지를 관광명소로 개발해 빠르게 발전시킨 반면 상허커우는 아직 한적한 강변마을이다.

상허커우철교는 상허커우에서도 30여 분을 더 걸어가야 한다. 상허커우 마을에는 택시 같은 자체 교통편이 없어 상허커우철교에 접근하기가 쉽지만은 않다. 상허커우 마을에서도 철교는 바로 코앞으로 보이지만, 도로가 산 바깥을 구불구불 돌아 이어져 있어 생각처럼 가깝지만은 않다. 통상 관광버스들은 이 코스대로 가지만, 압록강변을 따라 상허커우철교를 조망하는 맛은 강변 철길을 따라 걷는 것보다 덜하다.

상허커우철교

상허커우 종점에서 내리는 승객은 필자와 동행했던 조선족뿐이다. 상허커우는 우리네 시골 마을처럼 아담하다. 압록강과 산비탈 사이의 넓지 않은 공간에 자리 잡은 마을은 비좁은 느낌이다. 마을 길 양쪽으로 오밀조밀 모여 있는 집 앞에는 '무슨 무슨 촬영지'라는 간판이 세워져 있다. 중국 유명 드라마 촬영 장소였다고 한다. 우리처럼 유명 탤런트가 촬영했던 장소라는 점을 강조해 유명세를 알리고 있는 것이다. 실제 마을 끄트머리 강변 쪽 집은 당시 주연배우가 구입해 지금도 종종 들른다고 한다. 집 마당에 의자를 놓고 앉아 압록강과 저 너머 북한 풍경이 만들어 내는 시원한 정경을 보니, 왜 이곳까지 와서 머물다 가는지 조금은 알 것 같다.

마을을 나서면 바로 철길이 보였다. 철길 위엔 옥수수대가 수북이 쌓여 있고 주변엔 잡풀들이 많이 자라 실제 사용된 지 꽤 오래되었음을 알 수 있다. 마치 동해안의 동해북부선의 폐철길을 보는 것 같다. 강원도 동해안을 따라 이어진 동해북부선 철길도 강릉 이북의 노선은 6·25전쟁 이후 끊긴 채 주민들의 밭뙈기로 이용되거나 자동차 도로로 변했다. 주민들은 그곳에 작물을 심었다. 필자의 아버지도 철도부지를 불하(拂下)받아 고구마를 심어 생계를 영위했다.

이젠 제 역할을 하지 못하게 된 철길을 걷다 보면 오른쪽으로 압록강이 장강(長江)처럼 흐르고 있고 그 너머로는 북한 마을이 보인다. 잡초로 덮인 두 가닥의 철길 위를 즈려 밟으며 걸으면 영화 속 한 장면이 연출되기도 한다. 만약 이 위로 철마가 다닐 수 있다면, 차창으로 압록강과 북한 풍경을 즐기며 상허커우철교 위를 달렸으리라. 그러나 현실은 무거운 정적만이 감도는, 생기 없는 길일 뿐이다.

조금 더 걷자 중국인들이 압록강 양식을 하는 가두리 양식장이 길게 늘어져 있다. 이곳에서 잡아 올리는 청정 물고기들은 대도시로 팔려 나가고 있다. 한참을 걸어 터널 앞까지 가면 어느새 철길은 큰길로 이어진다. 산세가 험하다 보니 철길을 반듯하게 놓지 못해 큰길로 연결했을 것이다. 큰길을 따라 걸으면 일자형의 철교가 눈앞에 들어오고, 건너편 마을이 지척으로 보인다. 높게 치솟은 굴뚝 몇 개가 눈에 들어와, 저곳이 공장지대임을 짐작할 수 있다. 청수화학공업 지역이다. 나란한 슬레이트 지붕에 햇빛이 반사해 반짝인다. 전체적으로 공장들은 가동을 중단한 것으로 보이지만, 그중 한 공장은 화려하게 도색되어 있어 확신하기가 어렵다. 이전에 상허커우를 방문한 적이 있던 조선족 동행은 최근에 도색한 것 같다면서 실제 가동을 하는 것인지, 외관상 가동하는 것처럼 보이기 위한 위장용 도색인지 분간하기 어렵다고 한다. 공장지대는 규모가 제법 크다. 이로 인해 철길이 인근까지 놓인 이유가 명확해진다.

상허커우철교 중간 부분은 한강철교의 아치형과 닮았다. 좀 더 가까이 가보겠다는 다짐은 금세 장애물에 부딪힌다. 철교 앞 초소에서 나온 중국 초병은 사진촬영을 제재한다. 가만 보니, 초소 옆으로 중국 관공서로 보이는 건물이 자리 잡고 있다. 상허커우철교는 곧 철조망으로 닫히고 만다. 거기까지가 끝이다. 인적도 없고, 열차의 경적 울리는 소리도 없고 모든 것이 끊긴 상태다.

상허커우철교는 북한 삭주에서 중국 단둥 펑청을 연결하는 철교였다. 이 역시 일제가 중국내 물자를 실어 나르기 위해 건설한 다리다. 북한과 중국을 달리던 열차는 멈추었지만 상허커우 마을 내의 상허커우역은 아직 운영되고 있다. 단둥과 상허커우 간 열차가 하루 1회 운행되고 있다. 완행열차이기 때문에 시간이 많이 걸리긴 해도 이 열차를 이용하는 승객은 솔찬한 편이다. 다름 아닌 압록강철교의 관광객들이다.

북한은 2014년 상허커우철교 마을인 청수지구를 관광지구로 조성한다고 발표한 바 있다. "2014년 청수관광개발구 관광개통식이 10월 30일 진행되었다"고 《조선중앙통신》이 전했다. 개발구는 3,800여 정보町步 규모이고 평안북도 삭주군 방산리 일부와 청수노동자지구를 포함한다. 또한 《통일뉴스》는 "관광은 개발구가 강변에 위치한 지리적 조건에 맞게 반나절이나 일일관광을 기본으로 한다"(2014.11.01)고 전했다. 관광특구는 평안북도 인민위원회 외 중국 랴오닝성과 단둥시 정부 등이 협력해 진행되며 조선 민족의 특색을 살리면서 과수, 양어장 건설 등을 통해 특색 있는 관광지로 건설한다고 한다.

하지만 이 사업이 어떻게 진행되고 있는지 이곳 상허커우철교에서는 확인할 도리가 없다. 전혀 그런 움직임을 느낄 수 없다. 그러나 이 점만은 분명하다. 단둥에서 상허커우로 넘어오는 가도街道는 이미 중국에서 명성을 떨칠 정도로 유명한 복숭아 산지이며, 압록강 연안은 양식업이 활발하다. 이를 볼 때 이 사업의 요체는 북한의 개방문제인 셈이다.

북중 간 압록강을 건널 수 있는 길은 현재 신의주철교뿐이다. 나머지 다리들은 단교 상태거나 막힌 상태다. 배를 이용한 왕래 역시 없다.

단지 유람선을 이용해 북한 쪽 강기슭 근접해 둘러보는 관광이 전부다. 북한의 청수관광개발구 사업이 순조롭게 진행되려면 어떤 방식이든지 압록강을 통한 접근성을 확보하는 것이 관건이다. 그렇지 않으면 일일 관광은 불가능하다.

상허커우철교에선 우리에게 익숙한 수풍댐이 지척이고 수풍역을 경유해 삭주로 향할 수도 있다. 중국 쪽에서는 숙박을 비롯해 음식, 교통편 등 여행 인프라가 완벽하게 갖춰진 상태다. 또한 허커우와 상허커우를 연계하는 압록강 관광상품도 이미 출시되어, 허커우에서 배 위에 올라 상허커우철교를 지나서 수풍댐을 돌아오는 유람선 코스가 인기다.

북한은 이렇게 조성된 환경에 '개방'이라는 결단만 부분적으로 더해주면 짭짤한 외화 수익을 얻을 수 있다. 그렇게 되면 단둥에서 상허커우로 연결되는 압록강 100여 km는 세계에 내놔도 손색없는 세계적인 리버 투어River Tour 명소로 부상할 것이다. 중국은 이미 실행에 들어갔다. 압록강 풍광을 이용해 얻을 수 있는 관광특수를 누리고 있다. 중국의 이 같은 전략의 일환으로 압록강변 마을들을 관광지로 탈바꿈시키는 중이다. 그러나 북한은 그 절반도 못 건지고 있으니 참 딱한 노릇이다.

동행한 조선족은 "압록강철교도 그렇지만 일본 사람들이 건설한 철교는 보기에도 저렇게 탄탄해 보인다. 100년이 지났는데도 그 모습 그대로인 게 대단하다"고 말한다. 그의 말처럼 멀쩡한 철교가 방치된 상태다. 늘 그렇지만 공은 북한 쪽에 있다. 고난도 정치방정식을 풀어 상허커우철교에 경적이 다시 울리게 하는 것이야말로 통일로 가는 작은 걸음이 될 것이다.

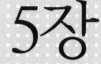

5장

지안 가는 길
集安

  단둥에서 강변도로를 따라 압록강 상류로 한 시간 정도 달리다 보면 허커우 입구 삼거리가 나오고, 주유소와 버스정류장이 있다. 여기서 오른쪽 강변으로 들어가면 허커우 마을이 나오고 왼쪽으로 방향을 틀면 창티엔을 경유해 지안集安으로 가는 길이다. 단둥을 기점으로 압록강을 거슬러 올라가는 코스는 강변을 조망할 수 없다. 지안 방향 지방도로 319번가 강변과 상당히 멀리 떨어져 있기 때문이다.

  12월 초인데 벌써 눈이 많이 내린다. 압록강은 아직 얼지 않았으나 강 너머 북한 산야山野는 하얀 눈으로 옷을 갈아입었다. 동토가 더욱 춥게만 느껴진다. 월초부터 많은 눈이 내렸다고 한다. 창티엔을 지나 본격적인 산간 도로로 접어들자 도로는 빙판과 눈길의 연속이다. 눈이 많이 내린 탓도 있지만, 교통량도 적고 제때 제설작업이 이뤄지지 않아 눈구렁을 통과해야 하는 언덕길이 부지기수여서 중앙차선은 온 데 간 데 없다.

지안 압록강

압록강을 벗어난 지 얼마 안 되었는데도 심산유곡深山幽谷에 들어온 기분이다. 험준한 산세에 눈꽃으로 뒤덮인 모습은 알프스Alps산맥의 어느 산간 마을쯤인 듯하다. 마을마다 인기척은 드물고 굴뚝에서 몽실몽실 담배연기 뿜듯이 올라가는 모습이 얼었던 마음을 데워주는 것 같다. 중국인 운전기사가 "아이쿠"하는 순간 차가 언덕길에서 중앙선을 넘어 한 바퀴 빙그르르 돈다. 천만다행이다. 앞차와 충돌했으면 큰 사고가 났을 텐데 놀란 가슴을 쓸어내리며 등줄기에서 식은땀이 주르르 흐른다. 이렇게 험한 지형은 지안 시내에 들어가기까지 계속된다.

온 사방이 눈으로 뒤덮인 여건에서도 타이핑샤오太平哨 같은 마을에서는 시골장이 열려서인지 도로 양쪽으로 상인들이 발 디딜 틈 없이 모여 있다. 하기야 아무리 추워도 삶의 현장인 시장은 쉴 수 없는 노릇이리라. 한편 상점들이 밀집해 있는 거리는 제설작업이 안 된 채로 그냥 방치되어 있어 통행이 쉽지가 않다 '적어도 자기 가게 앞은 자기가 치우는 것이 기본 아닌가'라는 의문이 든다. 특히, 랴오닝성 샤루허下露河에서 지린성吉林省으로 넘어가는 지역은 압록강 지류와 함께 장관을 이루면서 감탄이 절로 나올 법하면서도, 쌓이고 쌓인 눈 때문에 사고가 일어나지 않을까 하는 위험이 도사리니 명품 산세라도 편안히 감상하기 힘들다.

단둥에서부터 도중에 먹을 요량으로 준비해 온 간식은 그냥 트렁크 안에서 잠자고 있다. 어디 적당한 곳에 차를 멈추고 잠시 휴식과 요기를 취할 분위기가 아니다. 초행이라 미리 헤아리지 못하고 나선 길이니 서

툴고 더디기만 하다. 지도를 확인하면서 도로 표지판을 유심히 보고 있
는데 교회 건물이 먼저 눈에 들어온다. 샤루허 조선족 민속촌을 관람하
고 이곳의 내력을 염탐해 볼 생각이었는데, 십자가가 먼저 발길을 이끈
다. 사실 중국에서는 교회나 십자가를 보기는 쉽지 않다. 중국 당국이
교회 설립허가도 잘 안 해줄 뿐더러 십자가를 외부에 내걸지 못하게 하
기 때문이다.

'샤루허조선족향下露河朝鮮族乡'이라는 표지판을 따라 눈이 수북이 쌓인
마을로 들어가니 교회 안에서는 여러 사람들이 뭔가 도구를 손에 들고
동작 맞추는 연습을 하는 중이다. 이 지역의 유일한 조선족 교회인 샤루
허 교회다. 교회당 안의 유일한 남성인 김용근 씨가 차근히 설명을 시작
한다. 샤루허 교회는 마을 주민끼리 가정예배를 보다가 2003년에 교회
당을 짓고 예배를 보기 시작했고, 현재 20여 명의 신자가 활동하고 있다.
샤루허는 주로 평안북도 주민들이 건너와 집단촌을 이룬 곳인데, 김용
근 씨 부친도 1938년 평북 초산에서 압록강을 건너와 이곳에 정착했다.

샤루허는 한국의 읍 규모에 해당하는 향鄕급으로 이전만 해도 200여
가구가 살았다고 한다. 다른 조선족 마을과 마찬가지로 한국행 붐이 일
면서 젊은이들이 떠나고 현재는 대부분 독거노인들인 20여 가구만 남았
다. 김용근씨는 샤루허향의 당서기를 지내다 2015년 10월 작고하신 부
친 대신, 어머니를 모시고 산다. 아들은 중국 선전深圳에 가 있고 딸은 한
국 평택에서 살고 있는 이산가족이기도 하다.

샤루허는 압록강변과 20㎞ 떨어진 외딴 마을이지만 전부터 탈북자

들이 많이 은거했고, 지금도 그 흔적이 남아 있다. 탈북여성 중 인신매매단에 넘겨져 원치 않은 아이를 가진 미혼여성들이 샤루허에 숨어 살기도 했다. 아이가 어느 정도 크면 마을에 버리고 떠난 경우가 적지 않아 독거노인들 집에서 크는 고아들도 적지 않았다. 몇 년 전부터는 이런 현상마저 끊겼다는 것을 보면, 탈북행렬이 쉽지 않다는 방증이기도 하다.

일제강점기에 한국에서 만주행을 택한 이들 중 북중 국경과 접한 평안도나 함경도 지역 출신들은 자신들의 고향 근처에 자리를 잡았다. 그 마을들이 샤루허처럼 변경 근처의 조선족 마을을 형성했다. 샤루허 말고도 양쉬陽朔, 위린楡林 등이 대표적이다. 이어서 경상도나 전라도 등 먼 지역 출신들은 변경보다 좀 더 먼 지역인 헤이룽장성黑龍江省까지 지경을 넓히면서 조선족 공동체를 확대해 나갔다. 이후 조선족 공동체는 동북3성에 산재해 퍼지기 시작했다.

조선인들은 맨주먹으로 땅을 일구어서 삶의 터전을 만들었다. 특히, 중국인들이 밭농사를 많이 짓는 점을 감안해 경쟁적인 관계를 피할 수 있는 벼농사를 주로 지었다. 실제로 상당 부분 성공을 거두면서 동북3성 조선족들이 생산하는 쌀은 중국 전역에서 명성을 쌓으며 인정 받기 시작했다. 지금 조선족의 농사기술은 중국인들이 이어 받아 조선족들이 이향離鄕한 자리에서 경작을 이어가고 있다.

쉰 살이 넘은 김용근 씨는 교회 일만 아니었다면 자신도 벌써 한국에서 딸과 함께 살고 있을 것이라고 말한다. 특히, 한국으로부터 송금

되는 돈은 마을 전체를 번성케 했다고 한다. 아직까지 화목火木으로 밥을 짓지만 그래도 대부분의 조선족들은 이곳에서 자리를 잡았다.

눈 속에 포근히 안긴 샤루허는 동화 속 마을 같다. 동화적이라는 것은 나그네의 입장에서 가볍게 적은 피상적인 인상기일 뿐이다. 조선족 마을들이 어려움을 겪으며 해체와 공동화를 반복하고 있지만 완전히 소멸되어서

샤루허조선족교회

는 안 된다는 걸 강조하고 싶다. 그 이유는 분명하다. 한국 근대사에 유랑의 한 페이지를 장식하는 조선족의 동북3성 역사는 피와 눈물로 일군 값진 성과이고 그 역사적 의미를 명료하게 기록해야 할 것이기 때문이다. 특히, 공동화 과정에서 드러날 한글교육 등 차세대의 문제점을 한국정부가 정책적으로 돕는 일은 향후 통일 및 그 이후 우리 문화를 이 지

역에서 지속시키게 할 원천임으로 잊지 말아야 한다.

또한 조선족들이 있기에 이곳에서 한글을 교육하거나 우리 문화를 전파할 수 있는 자연스러운 명분이 생긴다. 김용근 씨는 조선족뿐 아니라 한족들도 한글을 배우고 싶어 하는데 가르칠 교사가 없다고 하소연한다. 참으로 안타까운 현실 앞에 가슴이 답답하다. 통일의 밑그림은 연필로 그리듯이 그렇게 그려 나가는 것이리라. 이 공백들이야 말로 우리 통일정책이 비집고 들어가야 할 빈자리들이다. 그야말로 현장의 모습이다.

가뜩이나 날이 흐리고 진눈깨비라도 내릴 태세여서 길이 일찍 어두워졌다. 시야가 어둡다. 허커우에서 지안까지 가는 첩첩산중에서 그나마 압록강변으로 접근할 수 있는 곳이 바로 타이핑장커우太平江口이다. 또다른 조선족향인 양쉬를 지나가다 보면 '타이핑장커우까지 3km'라는 표지판이 나온다. 압록강변의 중국 쪽 마을들은 전부 관광지과 미식美食지역으로 지정될 정도로 인기다. 한국의 양수리 근처 생선요리 음식점을 연상하면 쉬울 것이다. 인적 없고 적막한 압록강에 미식집 간판은 종종 따스한 신호등처럼 보인다. 그럼에도 압록강은 아직 우리네 강변에 비하면 적적하다. 북한 쪽이야 말할 것도 없지만……. 길이 좀 괜찮아진 것 같아 주위를 둘러보니 이제 지안에 들어선다. 고구려 유적지가 산재한 땅에 도착한 것이다.

지안에서

중국 관광객 요우커遊客들이 서울 시내에 몰려드니 수요에 비해 부족한 숙박시설 공급을 위해 부랴부랴 중저가 호텔들이 많이 들어서고 있다. 한국 내 숙박시설은 경제나 소득 규모에 비해 상대적으로 열악한 편이었다. 더욱이 지방에선 가격 대비 마땅한 숙박시설을 찾기가 쉽지 않았다. 여행객을 위한 숙박업소가 아닌 이른바 모텔들만 많았기 때문이다. 특히 중국인들이 선호하는 중저가 호텔은 한국에서 찾기 힘들었다.

중국은 넓은 대륙이라 그런지 숙박문화가 발달한 편이다. 대도시뿐 아니라 지방에선 우리네 여관급인 빈관賓館만 해도 괜찮은 편이다. 지안 버스터미널 인근 빈관은 1인실 1박에 100위안(약 1만 8,000원)을 받는다. 그래도 대리석 바닥의 방은 넓은 편이어서 답답하다는 느낌이 없다. 참고로 외국인이 중국 숙박시설에 투숙할 때는 반드시 여권을 제시해야 한다. 그냥 보여주고 확인하는 정도가 아니라 컴퓨터에 기록하고 복사

광개토왕비

본도 남긴다. 아주 작은 도시에서는 공안이 직접 카메라를 들고 와서 여권을 찍기도 한다.

숙소로 정한 3층 빈관에서는 곧바로 고구려 공원이 내려다보인다. 고구려는 압록강과 더불어 지안의 키워드다. 아마도 우리에게는 '고구려'라는 이름을 좇아 찾는 곳일지도 모른다. 고구려 광개토왕비廣開土王碑와 장수왕長壽王의 장군총將軍塚이 바로 이 지안에 있다. 지안 내 고구려 유적지에 가보면 광개토왕과 장수왕 모두 중국 지방정권이었던 고구려의 용맹 있는 장수들이었다고 기록해 놓고 안내하고 있다. 우리는 분명 고구려가 광활한 영토를 개척한 국가였다고 배웠다. 이 부분에 대해선 한

중 간의 접점이 없다. 공동역사서를 발간한 작업도 없었고 중국 입장에서 기술되었기 때문이다.

이런 생각을 해본다. 만약 남북통일이 현실로 다가왔을 때 중국이 한반도 통일을 용인하는 조건으로 고구려가 당나라의 지방정권이었다는 점을 명확히 하자는 제안을 내놓는다면 말이다. 독일도 통일과정에서 폴란드와 민감한 오데르-나이세 선을 넘어서서 독일 국경을 확정짓는 일을 포기한다고 약속하며 주변국의 우려를 씻고 통일외교를 이끌어 낸 바 있다. 우리의 고구려는 그와는 성격이 판이한 것이지만 행여 그럴지 모른다는 생각이 머리를 스친다. 현실적으로 고구려 유적지가 있는 지안은 중국 땅이다. 지안은 북한 만포와 마주하고 있다. 북중 간의 관계는 여전히 돈독하다.

고구려 유적지를 탐방하기 위해서 우리는 지안으로 직접 넘어와야 한다. 지안시 외곽에 위치한 광개토왕비에는 '호태왕비好太王碑'라는 안내판이 걸려 있다. 영토를 확장한 왕이라는 의미의 '광개토왕' 글자는 눈을 씻고 봐도 찾을 수 없다. 유리벽으로 된 누각 속에 보호받고 중국 안내인이 문을 열어줘야 그 장대한 비문을 볼 수 있다. 광개토왕 박물관은 문이 잠긴 채 내부에는 아무런 전시물도 없이 책상과 액자 부스러기가 널브러져 있다. 제대로 보존이나 관리가 되지 못하고 있다. 장군총 앞에는 '고구려 28대 왕'이라는 큼직한 플래카드가 걸려 있지만 안내문에서는 중국 왕이었다고 소개하고 있다. 고구려 유적지가 중국 땅에 실재해 있지 않고 한국에 있었다면 일찍이 성역화 작업을 완료하고 제대

장군총

로 조성했을 것 아니겠는가? 지안에서 보면 우리가 알던 고구려는 통째로 증발되고 역사 속의 중국 정권뿐이다. 이에 대한 해법은 무엇인가? 지안에서 가슴을 무겁게 하는 고구려라는 사안은 어떻게 일단락 짓고 한중 간의 평화를 찾아야 하는가.

지안의 밤은 더욱 짙고 길게 느껴진다. 시인 김동환金東煥이 읊조렸던 삭풍朔風 속 「국경의 밤」이 이런 모습일까. 오후 4시면 해가 떨어지고 상점들도 문을 닫는다. 그러면 인적도 한산한 냉기만 가득한 지안에서, '변경의 로망' 같은 것을 느낄 수 있다. 변경의 로망이라……. 말 자체가 역설 아니겠는가. 변경은 중심에서 벗어난 마이너요, 빛바랜 모습이 당연한데 무슨 로망인가. 그러니 그 로망은 나그네적이고 고독한 로망일 것이다. 구멍가게에서 컵라면을 하나 사들고 와서 홀로 카운터를 지키고 있는 사내에게 온수를 부탁하는 순간 지안에 필요한 것이 이런 따스함 아닐까 하는 막연한 생각을 해본다.

단둥이나 린장臨江 같은 변경지역과 사뭇 다른 분위기다. 변경도시는 나름 독특한 매력이 있는데 상대편 국가 도시와의 왕래나 융합 때문인지 활기가 넘치고 이색적인 면이 많다. 그러나 지안은 그 점에서 반쪽 변경도시다. 지안에서는 그동안 중국 도시들이 겪은 개발의 열기 대신 오히려 쇠락하는 분위기를 느낄 수 있다. 회색빛 변방 마을의 쓸쓸함과 찬바람이 마음을 더욱 외롭게 한다. 지안역에서 봐도 북한 지역의 험준한 산세가 눈에 들어올 정도로 가파르다. 이러한 지형 때문인지 지안과 마주보고 있는 북한 마을은 찾을 수 없다.

고구려 전시관을 지나 압록강 방죽으로 나오면 사람들이 운동을 하거나 삼삼오오 걷기도 하지만 겨울철이라 그런지 한적한 분위기다. 압록강변 도시 단둥이나 린장 등과 비교하면 지안의 인구는 제일 뒤처진 편이다. 지안역엔 북한 만포로 떠나는 열차가 없다. 교통이 두절된 상태다. 시내에서 10여 ㎞ 압록강 상류로 올라가자 기찻길이 이어지면서 '중국 세관'이라는 글씨만 새겨진 낡은 대문만 보인다.

세관 입구에는 중국 초병들이 길목을 지키고 있고 철길을 오르려고 하면 손을 내저으며 멀리서부터 길을 막는다. 매표소가 있고 관광이 가능하다고 서 있는데 왜 못 가냐고 하자 성수기에 지안-만포 압록강대교

관광만 가능하고 지금은 갈 수 없다고 말한다. 할 수 없이 양해를 구하고 발목까지 빠지는 눈을 헤집고 철길에 올라서서 간신히 사진을 한 장 찍는다. 그리고 보니 건너편에 제법 규모 있는 마을이 보였다. 만포다. 눈이 많이 내려 집들의 정확한 형체를 구분지어 관찰할 수 없지만 강변으로 10여 층짜리 신축 건물이 공사 중인 것처럼 보인다. 무슨 건물인지 초병들도 알 수 없다고 한다.

현재 지안뿐 아니라 다른 곳에서도 북중 간 연결다리 위 기차 운행은 멈추었으며, 관광지로 개발되고 있는 분위기다. 중국은 압록강의 빼어난 경관을 바탕으로 관광업을 새로운 지역산업으로 육성하고 있다. 중국 쪽 입장에서는 어차피 멈춰선 철교를 방치하기보다 관광객들에게 일면만 보여주는 정책으로 짭짤하게 관광수입도 올리고 있다. 다리 구경 한 번 하는 데 30위안이다. 지안에서 모든 관람료는 대부분 1인당 30위안으로 균일하게 책정되는 듯하다. 기차 운행이 안 되고 있으니 세관 주변도 활력이 없고 어수선한 모습 그대로다. 길게 뻗은 철길에 눈이 소복하게 쌓여 있을 뿐이다. 겨울바람만 매섭다. 이러한 지안의 분위기가 북중 간 왕래두절을 더욱 심화시키고 있는지 모르겠다.

광개토왕릉에 올라서면 북한 쪽 산세가 파노라마처럼 보인다. 혹 광개토왕이 숨을 거두면서 "내가 죽으면 저 산이 정면으로 바라보이는 이곳에 묻어 달라"는 유언을 남겼을까 싶을 정도로 그 자리에 누운 것이 마치 영토확장의 꿈을 이루고 뒤를 돌아보고 있는 것처럼 보일 정도다. 광개토왕릉에서 보는 북한 쪽 하얀 설산의 웅장한 모습은 마치 왕의 기상 같다.

왠지 더 춥고 시린 기분이 지안을 떠나는 순간까지 사라지지 않는다. 지안은 과거와 현재가 겹치면서 여러 가지 상념이 엉키게 만든다. 이게 무슨 아이러니인가 하는 반문이 잠을 설치게 했고 방의 냉기는 여전했고 마음은 추웠다.

린장 가는 길
臨江

지안에서 북한 중강진과 마주하고 있는 린장에 당도하려면, 압록강 변을 따라 개설된 도로가 없기 때문에 지안에서 통화通化-바이산白山-린 장臨江으로 이어지는 도로를 이용해야 한다. 강변도로가 없다는 것은 그 만큼 지세가 험하고 민가가 없음을 의미하기도 한다. 고구려 유적지를 뒤로하고 길을 건너니 언제 그랬냐는 듯 험준한 산들이 첩첩이 이어진 다. 303번 지방도로다. 지도상으로 보면 지안과 린장 사이엔 압록강 줄 기가 모여 형성된 운봉호雲峯湖가 거대한 풍광을 자랑하고 있다.

바로 갈 수만 있다면 그리 멀지 않을 텐데, 길이 없으니 돌아가는 만 큼 시간이 오래 걸릴 수밖에 없다. 이 또한 인생길과 흡사한 것 아닌가. 길이 없으면 가려고 용을 빼도 갈 수 없으니 말이다. 삶 속에서 발견한 평범한 진리를 떠올리다 보니 어느새 배가 고파온다. 중국생활을 하고 돌아온 지 8개월 만에 다시 찾은 중국이지만 이번만큼은 기름진 중국음식이 영 받질 않는다. 환경에 잘 적응하는 동물답게 중국의 느끼한 음식에 대해선 별 거부감 없이 없었는데 '금세 몸이 변했나' 싶어 담백한 점심이 먹고 싶다.

통화로 가는 중간쯤 칭허진清河鎮에서 차를 세우고, '농가채관農家菜館'이라는 일종의 백반집으로 들어갔다. 돼지고기볶음과 마파두부만 시켰는데 상이 푸짐하다. 중국음식이 이렇게 넉넉하다. 돼지고기볶음은 산초기름에 볶아서인지 기름냄새가 역지 않고 그런대로 상큼하다. 단둥 민박집에서 준비해온 김치와 포도, 귤을 꺼내 상 위에 펼쳐 놓았다. 중국 지방에서는 자신이 준비한 반찬을 꺼내 함께 먹는 것이 양해된다. 중국인들의 작은 식문화인 셈이다. 넉넉하고 풍성한 상차림을 선호하는 중국인들의 밥상 인심을 느낄 수 있다. 그리고 술은 항시 반주 개념으로 상 위에 오른다. 이런 중국인들의 식습관을 고려하면 요우커들이 반찬 중심의 한국 밥상에 풍성함을 느낄 수 있을까 궁금해진다.

펼쳐놓은 돼지고기볶음을 김치에 곁들이니 그런 대로 입맛이 돈다. 혹시 중국 지방 여행길에 마땅한 음식점을 찾지 못한다면, '農家菜館'이라는 간판을 보고 들어가면 무난히 배를 채울 수 있다.

차창 밖으로 인삼밭이 자주 보인다. 중국 농촌의 변화상도 놀랍다. 변화라는 게 그래프 곡선이 있어 상승 시는 주가가 치솟듯 올라치는 속성이 있다. 두 자리 성장시대가 꺾였다고 하지만 농촌지역을 보면 지금 중국이 그 단계다. 고동색 지붕으로 통일된 시골 주택들의 모습도 신선하게 다가온다. 통화는 조선족 집단거주지이자 중국 최대 인삼시장이 있는 곳이다. 백두산 권역 인삼을 거래할 수 있는 시장으로 명성을 얻고 있다. 통화역 앞에는 새로운 중국 인삼시장이 현대식으로 조성되어 있다. 물론 최대 규모다. 뿐만 아니라 백두산 권역에서 생산되는 각종 약재가 풍부하고 다양해 제약업도 발달했다. 통화에는 크고 작은 제약업체가 많다.

통화에서 오래 거주한 조선족들은 통화시의 변화가 무섭다고 말한다. 통화는 인삼시장뿐 아니라 백두산의 배후 중심도시로 발전하고 있다. 통화에서 지안은 대략 100㎞, 린장은 대략 60㎞ 정도 떨어져 있다. 사실 특별한 상황 반전이 없는 북중 변방 지안은 쇠락하는 분위기다. 그나마 린장은 백두산 가는 길목에 있어 압록강을 비롯한 다양한 비경으로 나름 건재한 정도다. 이러한 역학구조 속에 교통과 상업 중심지로서 통화의 거점 역할은 확대되고 있다. 지린성에 포진하고 있는 조선족들 역시 옌지보다 숫자는 적지만 통화에 조선족 마을을 향이나 진 단위로 형성하며 살고 있다.

교통 여건이 좋아지면서 단둥을 통한 한국과의 왕래가 활기를 띠고 있다는 점도 주목할 현상이다. 인천-단둥 페리에서 만난 보따리상 아주머니도 통화에 거주하고 있으며 단둥 페리를 이용한다고 했다. 또한 백두산을 오르기 전 베이스캠프 같은 역할도 맡고 있다. 통화에서 린장을 거쳐 압록강을 따라 백두산을 오를 수 있는 정기운행 버스가 있다. 이 코스는 옌지에서 많이 이용하는 얼따오 바이허二道白河 코스와는 다른 정취가 있다. 아름다운 압록강변의 풍경을 차창에 그대로 싣고 갈 수 있기

때문이다.

바이산白山에 접어들자 저 멀리 원자력발전소가 한눈에 들어온다. 바이산을 지나 린장으로 가는 도로 위엔 어느새 산 그림자가 드리우기 시작한다. 이제 막 오후 2시가 넘었는데 어둠이 밀려오기 시작한다. 산세는 험준하고 깊다. 도로는 미끄럽고 산은 온통 흰 눈으로 뒤덮여 있다. 터널이 많다는 것은 그만큼 넘어야 할 산이 많고 길 내기가 만만치 않은 지형이란 뜻 아니겠는가.

린장으로 향하는 동안 마치 다시는 돌아올 수 없는 종점으로 향하는 기분이 드는 것은 선입견 때문일까. 차 안에서 보는 밖의 풍경도 스산하다. 기암괴석의 모퉁이 길을 지나면 빼어난 산세의 설산이 시야를 밝게 해준다. 비경이라는 게 원래 자연의 산세가 험준하고 특이해야 연출되는 것 아닌가. 이런 경치라면 린장은 절경의 종점이 아닐까 하는 기대도 해본다. 압록강변 마을에 대한 경험이 있지만 린장은 어떤 모습일까 감이 안 잡힌다. 지안처럼 썰렁할까, 아니면……. 지안에서 출발할 때만 해도 도로를 따라 찬찬히 돌아가다 보면 수월하게 도착할 줄 알았는데 그게 아니었다. 돌아가는 길도 지난하기만 하다. 따지고 보면 도로든 인생길이든 돌아간다는 것은 원위치로 간다는 것인데 올 때와 갈 때가 같을 순 없을 것이다.

설치된 과속 감시카메라가 자주 눈에 띈다. 그래도 교통량이 적지 않다. 다양한 차량들이 오간다. 고속도로에서도 사고가 빈번하니 긴장의 연속이다. 겨울여행이 쉽지 않은 것도 결국 날씨 때문 아니겠는가. 학창시절 귀에 못이 박히게 들었던, '한반도에서 가장 추운 곳'이라는 타이틀 '중강진'이 떠오른다. 목적지 린장이 바로 중강과 압록강을 두고 마주한 도시다.

긴 여정 끝에 도착한 린장은 벌써 어둠이 찾아들었다. 부리나케 숙소를 찾아야 했다. 화려한 조명이 도시를 휘감은 린장의 밤거리에 호기심이 났지만 한 발짝도 나가기 싫을 정도로 춥다.

린장의 겨울 - K에게 (2)

　K, 린장에서 소식 전합니다. 하도 날이 매서워서 이 서신이 가다가 얼어붙지 않을까 걱정될 정도로 많이 춥습니다. 학창시절 한반도에서 가장 추운 곳을 지도 맨 꼭대기쯤에 있는 중강진이라고 배운 기억이 있죠. 그 중강진에서 중국 쪽 맞은 편 변경도시가 지린성 린장입니다. 중강진의 추위가 얼마나 혹독한지 아침 일찍 압록강변에 나갔다가 귀가 떨어져 나갈 듯해서 금세 들어왔습니다. 린장이 압록강 줄기의 중간 정도 되는 곳이라죠. 중강中江이라는 지명도 강의 중간이라는 의미라고 하니 이 정도면 설명은 충분할 테죠.

　린장은 지금 한반도 머리끝이라 할 수 있는 투먼圖門 지역보다 춥습니다. 린장은 우리에게 익숙한 지명은 아니죠. 통상 백두산 여행길에 잠시 스쳐가는 정도지, 지안처럼 고구려 유적을 보기 위해 방문할 만한 곳은 아닙니다. 하지만 린장은 아름답습니다. 지안보다 더 매력적입니다.

린장의 겨울

압록강과 험준한 산세, 그리고 북한 마을이 마치 설경산수雪景山水의 화폭처럼 잘 어우러져 눈부시게 다가옵니다. 설경이 좋은 이유는 모든 것을 다 덮기 때문이겠죠. 적나라하게 드러나지 않으니 백설 그 자체가 주는 평화로움과 여유가 아닐까요.

이곳은 너무 춥다 보니, 거리 상점들도 느긋하게 문을 여는 것 같습니다. 요구르트 하나에 우유 한 잔으로 조식을 대신하고 강변으로 나섰습니다. 린장-중강을 잇는 압록강대교에 도착하니 차량과 인적은 없고 다리만 쌩쌩 부는 찬바람을 맞은 채 홀로이 서 있습니다. 압록강대교는 콘크리트 차량용 다리입니다. 중국 측 세관은 현대식 건물로 이미 다 지어 놓았는데 다리 통행은 두절상태입니다.

강변 부지에는 민가들이 채소농사 등을 짓고 있는 흔적을 볼 수 있죠. 겨울철 비닐하우스도 보입니다. 또한 휴대폰 기지국도 두 개나 강변을 향해 우뚝 서 있더군요. 이런 기지국 덕분에 북한에서 중국 휴대폰 사용이 가능한 것이라고 하더군요. 북한 사람들이 중국 휴대폰 번호를 소유하고 중국에서 요금만 다달이 넣어주면 국제전화식으로 얼마든지 통화가 가능하니 그걸로 상거래도 하고 안부도 묻는 게 낯선 일이 아닙니다. 겨울철이라 더욱 시리게 흐르는 강에는 오리 몇 마리가 유유히 떠 있습니다. 겨울철이 아니었으면 강변에 사람들도 많이 보였을 텐데 눈이 많이 내리니 린장에서 보이는 중강진 마을은 적막 속에 잠든 모습입니다. 북한 쪽 강변 방죽으로 자전거를 타는 주민들과 삼삼오오 걸어가는 사람들이 보이기도 하지만 대부분 정적 그 자체의 풍경입니다.

K, 린장에서 제가 유심히 본 것은 린장사주沙州라는 섬에 조성된 공원입니다. 린장사주는 압록강 속에 있는 일종의 중지도中之島인데, 육지와 다리로 연결해 공원을 조성하느라 지금도 계속 공사 중입니다. 공원 주변으로는 추운 아침인데도 많은 사람이 아침 걷기운동을 하느라 입가에 김이 무럭무럭 번집니다. 공원 입구에는 거대한 동상이 서 있는데 첸운陳云 동상입니다. 첸운은 동북3성에서 항일투쟁의 혁혁한 공적을 쌓은 중국공산당의 핵심 인물입니다. 그가 동북3성의 기틀을 잡은 공로로 마오쩌둥이 '진실한 동지'라 칭송했다고 합니다. 단둥역 앞에 있는 마

오쩌둥 동상보다 장대한 규모입니다.

공원의 강 쪽으로 다가가면 서너 채의 누각이 있어 여름철에 앉아 있으면 저 너머로 북한을 보면서 시원한 바람을 쐴 수 있는 안성맞춤의 장소가 아닌가 싶습니다. 묘한 풍경은 누각 건너편에 북한군 초소가 초라하게 서 있습니다. 참으로 대조되는 모습이죠. 중강진에서 압록강은 지켜야 하는 군사적 지점으로만 여겨지는 반면 린장은 시민들의 휴식 공간으로 거듭나고 있는 것이죠.

'강심공원'이라 이름 붙여진 이 공원은 규모도 제법 크고 다양한 시설들이 자릴 잡고 있어 마치 우리의 한강둔치 공원을 연상케 합니다. 제가 일전에 이야기했듯 압록강이라는 천혜의 자연공간은 중국 측에서만 이용하는 일방적인 개발공간이 되어 버렸습니다. 북한 쪽에서 발상의 전환만 하면 얼마든지 지혜롭게 많은 이들이 공유할 수 있는 공간으로 활용하며 외화벌이도 할 수 있을 텐데 정말 안타까운 현실입니다. 린장이 천혜의 녹색 휴양도시를 지향하면서 도시 홍보에 매진하는 이유도 압록강을 기반으로 하는 접근법입니다. 압록강을 화폭의 중심에 놓고 병풍처럼 펼쳐진 산세의 조화는 가히 세계적인 경관 대열에 내놓아도 손색이 없다고 자평합니다. 어디다 포커스를 맞춰도 다 그림 같은 사진이 나옵니다.

린장 시내를 벗어나 압록강 상류로 가는 길, 주유소 앞에 차를 잠시 세웠습니다. 강 건너에서 몇몇이 고기를 잡고 있었습니다. 이 추운 날씨에 물속에 들어가 그물질을 하는 듯했습니다. 이제 여기서부터 압록강변 도로가 형성되어 있습니다. 그러니까 린장에서 창바이長白까지 강변 도로가 나 있는 셈이죠. 압록강 상류로 향하면서 강폭은 좁아지고 산세는 돌출해 그림자가 지는 곳은 강이 얼어붙어 있습니다. 과묵한 중국인 운전사는 "피욜량 피욜량漂亮"을 연신 외칩니다. 아름답다는 뜻입니다. 정말로 아름답습니다. 쓰따오거우4道溝에서 차를 세웠습니다. 압록강변 상류에는 번호를 매겨서 21도구까지 지정되어 있습니다. 압록강으로 유입되는 지류는 아래로부터 번호를 매겨 백두산 턱 밑 21번까지 매긴 것이죠. 모두 백발백중 명경名景입니다.

K, 쓰따오거우의 보도寶島 역시 중지도 개념인데 다리로 연결해 육지와 잇대어 있습니다. 강변 쪽에서는 포클레인의 굉음이 들리고 공사가 한창입니다. 강변의 보를 만드는 작업을 진행 중인데 가만히 보니 강 쪽으로 매립을 진행해 한 뼘 더 넓어지는 양상입니다. 이곳 역시 행락철이면 많은 사람이 찾아와 민물고기탕도 먹고 휴식을 즐기는 장소로 개발된 것이죠.

물살이 매우 거셉니다. 귓전을 쿵쿵 울릴 정도로 굽이치는 소리가 용맹스럽습니다. 강폭이 좁아지면서 물살이 굽이치는 요지要地죠. 북한 쪽에는 삼각형의 기암절벽이 서 있고 그 맨 꼭대기를 올려다보니 작은 집이 보였는데 북한군 초소로 여겨졌습니다. 저 산 위에 민가가 자리 잡을 이유가 없는데 간간이 사람들이 그 집에서 밖으로 나오는 것이 목격되었습니다.

K, 독일 로렐라이Lorelei 언덕 아시죠. 라인강Rhein River변을 따라가다

물살 센 길목에 자리 잡은 험준한 언덕으로 유명하죠. 로렐라이 전설로 스토리가 입혀져 세계적인 관광명소가 된 것을 K도 잘 아실 테죠? 이곳 쓰따오거우를 저는 '중강진-린장 로렐라이'라고 감히 부르고 싶습니다. 저 꼭대기에 초소가 아닌 호텔이 들어서고 정비된다면 독일 로렐라이 언덕은 저리 가라고 할 정도로 빼어난 풍광이 압도적일 겁니다.

압록강 상류로 올라가면서 백두산 입구까지 이런 풍경이 규모와 느낌만 다를 뿐 줄곧 이어지고 있으니 이 얼마나 축복받은 환경인가요. 한국이 문화를 통한 남북교류협력의 해법으로 북한에 접근한다고 하는데, 바로 이 지역을 세계적으로 관광지로 만드는 대북협력을 추진하는 것이 가장 실현가능한 일환이 아닐까요. 북한에 관광 인프라를 개발해주고 운영 노하우도 전수해주면서 기반을 조성하면 한국 및 외국 관광객의 일정 방문수를 유치하는 데 큰 어려움이 없으리라 생각합니다. 그렇다면 서로가 윈윈win-win하는 민간교류의 좋은 사례가 될 것입니다. 한국 청소년들이 이곳으로 야영이나 수학여행을 올 수도 있고, 남북 청소년 환경회의도 개최할 수 있지 않겠습니까.

교류라고 해서 언론에 크게 보도되고 생색낼 만한 일만 염두에 두는 접근법은 냉전적 사고입니다. 우리는 청소년 남북교류에도 깊은 관심을 가져야 합니다. 과거 서독시절 콜Helmut Kohl 총리가 동·서독 간 경색 분위기에서 동독 호네커Erich Honecker 당서기에게 핫라인을 통해 정치적 회담은 무산되어도 좋으나 양쪽 청소년들의 수학여행은 예정대로 진행되어야 한다는 당위성을 부탁했던 일화가 생각납니다. 이게 미래를 생각하는 지도자의 태도 아니겠습니까. 이대로 남북이 접점 없이 세월만 죽이다 멀어져 가면 지금 청소년 세대들은 어른이 되었을 때 어떻게 될까요.

그들에게 현실을 제대로 이해하고 공감을 공유하는 장을 만들어주는 것도 중요한 통일준비입니다. 남북 청소년 간 건전한 시민의식을 서로 공유할 수 있는 제도적 합의야말로 건강한 대한민국을 위해 바람직한 일이죠.

중강과 린장의 두터운 얼음장을 녹일 남북관계의 해빙은 정녕 해법이 없는 것인가요? 그러는 가운데 북중 국경은 중국 계획대로 개발이 진행되고 있습니다. 《자유아시아방송》 12월 2일자 보도를 보니 지린吉林

린장의 압록강

성 정부는 이곳 린장-중강 간 교량을 새로 건설한다는군요. 북한의 지하자원을 쉽게 운반해오기 위한 조치랍니다. 중국 기업가들이 북한의 광산개발에 뛰어들어 활발히 움직이고 있다는 것은 이미 알려진 사실입니다. 어쩌다 우리의 자원을 중국에 다 내주게 되는 상황까지 되었을까요.

K, 저녁식사를 하고 잠시 시내를 산책했는데 오색의 가로등과 건물들마다 장식된 형형색색의 조명들이 시가지의 추위를 녹이는 듯합니다. 불빛을 보니 아무래도 덜 춥게 느껴지는군요. 같은 변경인데 지안과 너무도 다른 분위기입니다. 여름철에는 녹색으로, 겨울철에는 설경으로 천혜의 아름다움을 간직한 린장의 밤이 이렇게 다양한 색깔로 뒤덮인 모습을 보니 건너편 중강의 칠흑과 대비되는군요. 그 대조만큼이나 마음의 음율이 두레박을 타고 내려가는 것 같습니다.

K, 가슴의 온기로 스탬프를 찍어 보냅니다. 다음 방문에는 중국이 아닌 북한을 건너 린장으로 향하고 싶다는 의지와 따뜻한 해후를 고대합니다.

6장

카이산툰 이야기
開山屯

옌지延吉에서 오전 9시 25분 미니버스에 오른다. 목적지는 카이산툰開山屯. 버스 안에서 들리는 한국어가 낯익어 둘러보니 조선족 모녀가 대화를 하고 있다. 옌지 시내를 벗어나 룽징龍井 가는 언덕길을 오르는 버스가 오른쪽으로 방향을 틀자, 하이란강海蘭江과 함께 너른 들녘이 보인다. 주변으로 고급스러운 외관의 신축 아파트 단지들이 들녘을 조망으로 하는 신축 아파트 단지가 들어서 있다. 물 좋고 공기 좋은 전원주택으로서 손색없는 위치임을 직감할 수 있다.

하이란강을 건널 수 있는 다리는 새로 건설 중이다. 강을 건너니 전형적인 중국 농촌마을이 나온다. 원래 하이란강 아래쪽은 농토가 비옥해 예로부터 농사를 많이 지었다. 우리 선조들도 그 이유로 이곳에 터전을 잡았다. 하이란강은 이곳을 지나 두만강과 합류한다. 가곡 〈선구자〉의 가사 중 '용두레 우물가'가 바로 하이란강을 가리킨다.

하이란강

밭으로 개간된 낮은 구릉지가 이어지며 평화로운 풍경을 지난다. 함경도 사투리가 심한 모녀의 대화소리가 간간이 들린다. 버스는 마을이 있는 곳마다 정차한다. 차창으로 철길이 보이고 멀리 들녘이 보이다 말다 하더니 어느새 '남양촌南陽村', '덕신향德新鄕' 마을을 가리키는 표지판과 만난다. 카이산툰으로 가는 철로 위엔 열차를 볼 수 없다. 덕신향을 지나 다소 경사가 있는 고개를 넘자 다시 너른 들판이 시야에 들어온다. 오른쪽으로 회경동廻境洞 마을이 자리 잡고 있고 들판에는 소들이 풀을 뜯고 있다. 조선족 마을인 회경동 마을을 조금 지나니 카이산툰 방향을 알리는 이정표가 나온다. 카이산툰은 위쪽 투먼과 룽징 딱 중간에 위치하고 있다. 룽징에서도, 투먼에서도 30여 ㎞ 거리로 한 시간 정도면 도착할 수 있다.

카이산툰 초입에 자리한 집들은 활력이라곤 전혀 찾아 볼 수 없다. 주변 여러 집들과 공장 자리는 온통 폐허다. 육안으로 봐도 오랫동안 사람이 살지 않은 것이 확연하다. 버스는 마을 위쪽에 모든 승객들을 내려준다. 버스에서 내려 처음 만난 건 길거리에 줄지어 있는 노점상들이다. 허름한 좌판에 조잡한 물건들을 진열해 놓은 모습이 남루하기 짝이 없어 보인다. 매대 뒤켠으로도 상점들이 있지만 거의 다 문들 닫았다. 과거 번성했던 카이산툰의 중앙시장이 이렇게 쇠락해서 거리임시시장으로 변한 것이다. 문이 폐쇄되고 간판이 일그러지고 지붕이 무너진 시장은 폐허의 모습 그 자체다. 마치 전쟁의 총포가 지나간 것처럼 보인다.

마을 사람들은 한때 인구 5만 명을 넘나들며 번성하던 국경 마을의 시장이 이렇게 된 데는 두 가지 요인이 있다 말한다. 원래 이곳의 주력 산업을 담당했던 종이공장이 문을 닫으면서 일자리가 줄자 다들 객지로 나갔기 때문이다. 또한 거주민이었던 조선족들이 중국 개방물결을 타고 한국으로 떠나면서 마을 인구가 급격히 감소하기 시작했다. 그렇게 감소한 카이산툰의 현재 인구는 9,000여 명 남짓이라고 한다.

카이산툰에는 종이공장이 여럿 있었다. 일제강점기에 세워진 종이 공장은 당시 북한에서 채벌한 나무로 펄프를 만들었다. 이러한 기능은 광복 이후까지도 이어졌지만 공장은 결국 문을 닫았다. 한때 멈추지 않았던 공장 굴뚝의 연기는 이제 볼 수 없다. 시장을 돌아 좌측으로 내려오다 보면 마을 곳곳에 성한 곳이 없다. 주인이 떠난 가옥들은 흉측한 모습이다.

카이산툰은 두만강을 두고 북한 함경북도 삼봉三峰과 마주하고 있는 중국 변경마을이다. 삼봉 위쪽으로는 종성鍾城과 연결되고 내려가면 회령會寧이다. 카이산툰에서 멀지 않은 윤동주尹東柱 시인의 고향 룽징龍井시 밍둥明東도 이곳에서 먼 거리가 아니다. 아마도 윤동주의 선대들이 종성과 회령 등지에서 카이산툰 지역의 두만강을 건너 이주했으리라는 추측을 어렵지 않게 할 수 있다. 이 지역은 윤동주 시인이 연희전문학교 시절 서울 하숙방에서 고향을 그리며 쓴 시「별 헤는 밤에」중 "어머니 그리고 당신은 멀리 북간도에 계십니다"라는 구절의 바로 그 북간도다. 그러니까 윤동주의 외삼촌인 김약전 등이 당시 함경도에서 이곳을 통해 북간도에 정착한 바, 카이산툰은 만주 땅에 발을 내딛기 위한 초입이

었다. 청나라 때만 해도 간도에서의 거주를 금했다. 이어 봉금정책封禁政
策이 해제되면서 조선인들이 비옥한 간도로 이주하기 시작했다. 항일투
사들은 간도를 거점으로 삼음으로써 항일활동에 전념할 수 있었다. 당
시 우리 선조들이 북간도의 관문 카이산툰에서 비옥한 땅을 일구던 모
습이 상상되고도 남는다.

　카이산툰역 간판이 보인다. 사람들은 철로 위를 건너고, 역 구내에
는 정차하고 있는 열차도 없고 인기척도 없다. 행인들처럼 철길을 가로
질러 '開山屯'이라 적인 표지판 쪽으로 향한다. 카이산툰역의 출입문은

카이산툰 마을

굳게 잠겨 있다. 폐쇄된 역이다. 카이산툰과 북한 삼봉을 잇는 철로였으나, 현재는 운행이 중지된 상태다. 카이산툰역부터 중국 쪽 세관이 큰 길을 따라 이어진다. 세관 경비원들과 마당에는 주차된 차량들도 볼 수 있다. 종종 카이산툰과 삼봉 간 철길을 따라 양측 세관 관계자들이 차량을 통해 오가는 것처럼 보인다. 카이산툰역에서 세관에 이르는 길엔 인적이 완전히 끊기고 입점해 있던 상가들도 철수된 상태로, 중국 관공서 건물만이 드문드문 서 있다. 가로수가 인상적인 카이산툰역에서 세관까지 이르는 길의 정적은 곧바로 이곳 카이산툰과 삼봉 사이 왕래의 정적처럼 다가온다.

카이산툰은 함경북도와 두만강을 마주하고 있는 변경마을이다. 말이 강이지, 마을과 인접한 방죽에 서 보면 폭이 약 100m가 넘는다. 방죽에서 북한 쪽을 바라보면 속살을 훔쳐보듯 훤히 볼 수 있다. 카이산툰 중국 세관이 위치하고 있는 곳에서 왼쪽으로 발걸음을 돌리면 방죽길이 나온다. 거기서 두만강 건너편이 북한 땅 함경북도다. 아침저녁으로 나와 산책하기 안성맞춤인, 조용한 곳이다. 우리네 시골 개천의 방죽 모습 그대로다. 단지 이곳 방죽에는 어른 키를 훌쩍 넘는 높이의 철조망이 쳐져 있다.

방죽 위에서 담배 한 대 물고 휴식을 취하고 있던 조선족 박씨는 "철조망 쳐놓은 지 얼마 안 되었지요. 10년 전만 해도 여름이면 강가에서 물고기 잡아 끓여 건너편 북한 병사들과 같이 먹곤 했습니다"라고 말한다. 또한 "철조망이 없을 때는 방죽 아래로 내려가서 담배 한 대 물고 함경도 생각도 많이 했는데, 이제는 철조망이 가려져 서서 담배 한 대 피우는 게 낙"이라고 덧붙인다. 박씨는 건너편 북한 쪽 민둥산을 가리키면서 "전에는 나무가 울창했는데 먹고살기 힘들어지니 나무를 다 베내고 곡식을 심고 있다"면서 "그래도 땅이라도 있으니 굶어죽진 않고 있다더라"고 말한다. 아직 4월 파종 이전이라 누런 민둥산 아래 건너편 방죽길로는 자전거를 탄 주민들이 지나고 자동차도 드문드문 보인다. 박씨는 "농사철에는 저 산등성이에서 일하는 사람들이 많다"고 목격담을 전하면서, 자신은 카이산툰 토박이지만 아버지가 함경도 출신인 것처럼 카이산툰에 함경도 출신이 많다고 한다. 특히 역 앞 마을에 많이 거주했다고 하니, 강 하나를 두고 고향을 앞에 두고 살아온 셈이다.

방죽 아래 마을은 조용하기만 하다. 역시 곳곳에 버려진 집들이다. 마침 곱게 단장한 할머니 한 분이 보인다. 올해 여든둘이라는 채송금 할머니는 원래 룽징에 살다가 카이산툰으로 넘어오신 지 30년이 넘었다고 한다. 남편이 룽징 병원에서 카이산툰 병원으로 전근 오면서 따라온 게 그렇게 되었단다. 원래 고향은 함경북도 성진군 학서면 신흥리인데, 해방 이듬해 건너왔다. 그리고 보니 할머니 억양에 아버지의 익숙한 억양이 묻어난다. 옆에서 장작 패던 아저씨 하나가 "아바이 증심(점심)은 했소"하면서 말을 거는데, 그 발음 역시 무척 낯익다. 아버지의 고향은 함경북도 성진城津이다. 생전에 '연호리 34번지'라는 고향집 단서만 남기시고 세상을 먼저 떠나셨다. 그 자리에서 북한 땅 성진에 최근 다녀온 적이 있냐고 물을 수밖에 없었다. 하지만 전에 통행증을 끊어 북한을 방문한 적이 있지만 청진 이남으로는 갈 수 없었다고 한다.

채 할머니는 "남편은 일찍이 세상을 떴고 자식 넷은 모두 한국에 가 있다"며, "안산에 살고 있는데 명절 때도 못 오는 형편"이라고 말하시며, "내가 죽어야 오겠지"하며 눈시울을 붉힌다. 그때 집 앞 인기척이 들렸는지 바로 옆집의 김월성 할머니가 나오셨다. 김 할머니는 "여기 세 명이 이 골목 조선족의 전부다"라면서 이 집도 저 집도 다 조선족 집이었는데 다 나갔다고 한다. 김 할머니는 가끔 떠난 사람들이 집은 어떻

카이산툰 두만강

게 되었냐고 안부전화를 걸기도 한단다. 적어도 한 집에 한두 명은 다들 서울에 가서 돈을 벌지만 귀국해도 고향인 카이산툰으로 돌아오지 않고 옌지에 아파트를 사서 살고 있다고 한다.

김 할머니는 북한과의 왕래만 활성화되어도 카이산툰 마을이 이렇게까지 쇠락하지는 않았을 것이라고 말한다. 틀린 지적이 아닐 것이다. 북한과의 왕래만 지속되어도 변경의 삶은 지금보다 활기를 띨 것이다. 김 할머니도 함경남도 북천北川 출신이다. 육형제지만 언니와 둘만 중국으로 시집 왔고 나머지 형제들은 황해도 등지에서 살다 보니, 만난 지 오래되었다고 한다. 이산가족인 셈이다. 남북분단으로 인한 이산가족뿐만 아니라 김 할머니처럼 북한에서 중국으로 오는 바람에 이산가족이 된 경우도 많다. 말하자면 실향민이다. 김 할머니는 "북한 가는 기차도 중단되고 나이도 늘어가니 이제 북한 가는 꿈도 다 접었다"고 작은 목소리로 말한다.

함경도는 사실 지리적으로 카이산툰의 이웃이자, 카이산툰 조선족들의 역사이기도 하다. 구한말 함경도에 대홍수가 발생하자 농토가 비옥한 카이산툰으로 건너와 정착한 것이 오늘에 이르고 있는 것이다. 해방 이후 많은 사람들이 함경도로 돌아가거나, 역으로 건너 나오기도 하면서 카이산툰도 조선족 마을로 번성했다. 회경동 마을처럼 카이산툰 인근에 함경도 사람들이 특히 많았으며, 소학교나 노인뿐만 아니라 청년센터도 있었다. 하지만 지금 노인정 자리에는 일그러진 간판과 잡초만 무성하다. 김 할머니는 "종이공장이 다 먹여 살렸는데 그게 문 닫으면서 떠나기 시작했으며 조선족들이 한국으로 떠나가는 바람에 이제 몇 남지도 않았고 우리 죽으면 이을 사람도 없다"고 한숨짓는다.

상황이 이렇다 보니 폐허가 된 카이산툰 마을들을 다 정리해 저 윗마을로 옮기고 이곳에 국제개발단지를 유치한다는 소문이 돌고 있다며, 김 할머니는 조심스럽게 말한다. 물론 소문의 진상을 확인할 길은 없다. 하지만 카이산툰의 입지라면 그렇게 될 가능성은 얼마든지 있다. 인근 투먼에 산업단지가 들어서고 한국 기업이 들어서듯이 지금 카이산툰에 한국 기업이 들어오는 것도 하나의 방법일 수 있다. 2015년 10월 지린_{吉林}-훈춘_{琿春} 고속철도가 개통되면 물류나 교통이 좋아지게 되었고 지리적인 접근성도 용이해졌기 때문이다. 한편으로는 경제적 측면의 통일준비의 한 대안이라고 여겨진다. 북중 간 변경지역을 경제지대로 삼아 남북통일시대를 대비할 필요가 있다. 왕래만 자유로워지면 북한 노동력을 활용한 경제활동에 장점이 있다.

다시 방죽 위에 선다. 건너편 북한 초소에 병사 두 명이 앉아 있다. 긴장감도 없다. 철조망 격자 사이로 북한은 그저 고요할 뿐이고 무거운 정적만이 친구가 된다. 강물은 그저 흐를 뿐이다. 카이산툰에서 바라보는 두만강 물은 푸르지 않다. 탁류의 황토색이다. 마치 카이산툰에서 바라보는 북한의 생기 없는 모습 같다. 광복 70년, 분단 70년 세월 속에 한 뼘의 발전도 없이 정지된 상태 그대로다. 굶주림을 이기기 위해, 일제강점기의 학정虐政을 피해 민족의 한恨을 안고 건넜던 두만강은 여전히 민족분단의 현장으로 남아 있다. 이 역시 한이 아니고 무엇이겠는가?

밍둥촌과 북간도 시인 윤동주
明東村

시인 윤동주尹東柱는 해방되던 해 2월 사망했다. 유학 중 일본 후쿠오카福岡 형무소에 갇힌 채 그토록 그리던 해방을 보지 못하고 명을 달리한 것이다. 북간도北間島에서 서울, 그리고 다시 일본으로 이어지는 삶의 궤적을 보면 정말 허망하고 안타깝기 그지없다.

윤동주는 북간도 출생이다. 정확하게 말하면 지금의 중국 옌볜延邊자치주 룽징龍井시 밍둥明東촌이다. 당시는 간도성間島省이었다. 밍둥촌은 무엇인가. 윤동주의 선대가 함경도에서 이주해 와 터전을 일군 곳이고 항일독립운동의 우물이었다. 윤동주의 아버지는 파평 윤씨 윤용석이고 어머니는 독립운동가 김약연의 누이인 김용이다.

1886년 윤동주의 증조부 윤재옥은 함경북도 종성에서 북간도 카이산툰진鎭으로 이민을 오고, 1900년 윤동주의 조부 윤하연은 밍둥촌으로 이주했다. 밍둥촌은 윤동주의 외삼촌 김약연金躍淵이 일찍이 이주해 개척한 지역으로 다른 어느 곳보다 독립운동이 활발했던 고장이었다. 함경도에서 두만강을 건너면 바로 북간도 땅이어서 지형적으로도 유리했다. 위치상 함경도 종성과 룽징은 일직선상에 자리 잡고 있다. 특히, 함경도 두만강 접경도시 종성에서 '산허三合-밍둥明東-룽징龍井'으로 이어지는 경로는 단숨에 달려갈 수 있을 정도로 가까운 거리다.

윤동주는 북간도를 떠나 남으로, 남으로 순례하는 여정 끝에 결국 식민종주의 일본 땅에서 생을 마친 것이다. 윤동주에게 귀향은 없었다. 귀향, 중국어로 '후이자回家'가 적확한 표현이 될까? 후이자는 중국어를 처음 배울 때 필자의 가슴을 찡하게 울린 단어다. 묘한 뉘앙스가 강하게 다가오는 단어였기 때문이다. 일찍이 독일의 작가 노발리스Novalis는 "우리는 어디로 가는가?"라는 질문 앞에 "집으로nach hause"라고 설파한 바,

룽징역

바로 그 '집으로'의 의미와 가까운 것이 후이자다. 그러니까 후이자는 외출했다가 집으로 돌아오는 의미도 되고, 객지에서 고향으로 돌아오는 귀향의 의미도 내포하고 있다. 이를 확장하면 타국에서 귀국하는 풍경도 분명 후이자일 터다.

윤동주의 삶에서 후이자는 없었다. 북간도 밍둥에서 이웃 대처大處인 룽징, 그리고 서울 누하동 유학에 이어 일본으로, 흘러 나아감의 시간이었다. 이는 그가 아직도 배움의 과정에 있는 학생 신분이었기에 그러한 바, 학업을 마치고 금의환향의 기회를 얻지 못한 채 요절함에 대한 안타까움의 다른 표현일 수 있다.

따지고 보면 지금 중국 땅에 살고 있는 중국 소수민족인 조선족 역시 귀향하지 못한 사람들이다. 윤동주 선대처럼 새로운 삶의 터전을 찾아 북간도로 향했던 많은 조선인들이 해방 후 절반 정도 고향으로 돌아가고, 나머지 절반 정도는 중국 땅에 남았다. 남은 이들은 중국국적을 취득해 조선족으로 지금까지 살아오고 있다. 하지만 이들의 가슴 속엔 할아버지 세대의 고향이 아직 남아 있다. 대다수의 동북3성 조선족들의 태생은 중국이겠지만 3세, 4세로서 가슴에 고향이 새겨져 있으니 이것 역시 이산離散이요 실향失鄕 아니겠는가. 육신의 삶은 중국에서 깊게 뿌리내렸지만 정신은 여전히 후이자하지 못한 나그네 신세 같다고 할까? 윤동주 생각에 발길이 떨어지지 않고 머릿속엔 후이자란 단어가 떠나질 않는다. 일본에서 '불귀不歸의 객客'이 된 것도 그렇지만 그토록 열망하던 해방을 보지 못한 점도 그렇다.

용두레 우물

　룽징 시내 용두레 우물가 공원 앞에서 택시를 타고 한족 운전기사에게 윤동주를 말하니, '윤'이라는 설익은 발음을 알아채곤 윤동주 생가로 차를 몰기 시작한다. 윤동주 생가를 방문하는 이들이 적지 않은 것이다. 왕복 40위안을 주기로 했다. 윤동주 생가인 밍둥촌은 북중 두만강변 마을인 중국 산허와 룽징의 중간에 자리하고 있다. 룽징에서 택시로 30분 못 미치는 거리다. 룽징 시내를 벗어나 2차선 아스팔트를 달려 즈신(智新)진을 지나자 다소 언덕진 마을 원편으로 작은 마을이 보이는데, 바로

윤동주 생가 표지석

그곳이 밍둥촌이다.

밍둥촌은 룽징−산허 길에서 오른쪽을 잘 내려다보지 않으면 시야에
잘 안 잡힌다. 다행히 길가에는 '윤동주 생가'라고 새겨진 거대한 안내
석이 웅크린 듯 자리 잡고 있다. 마을 아래로 강물이 흐르고 강 건너 경
사진 밭들이 보인다. 개간한 땅임을 어렵지 않게 알 수 있다. 그리고 보
면 풍수적으로 배산임수 지형에 가깝다. 운전기사에게 관람을 마칠 때
까지 기다리라고 일러주고 내리자 '중국 조선족 시인 윤동주 생가'라고

쓰인 큰 간판이 눈에 들어온다. 참으로 낯설다. 윤동주를 단 한 번도 조선족이라 생각한 적이 없던 차에 맞닥뜨린 작은 어긋남이랄까.

1994년 중국 당국은 윤동주 생가를 복원하면서 '중국 조선족 시인 윤동주 생가'를 공식 이름으로 지정했다. 틀린 말은 아니다. 윤동주가 중국 태생의 한국인이니 중국 내 소수민족으로 여기는 것이 당연하다. 좀 더 부연 설명하자면, 윤동주는 중국에서 다소 늦게 알려졌다. 해방 후 한국에선 윤동주의 추모가 줄을 이었다. 시집 『하늘과 바람과 별과 시』가 정음사에서 출간된 건 1948년이었다. 윤동주는 "하늘을 우러러 한 점 부끄럼 없기를"이라는 구절로 한국인의 가슴을 울렸다. 그러는 동안에도 조선족 문학계에서조차 시인 윤동주의 존재는 없었다. 그러다 1980년대 옌볜에 연수차 들른 일본 교수가 윤동주의 행적을 찾기 시작하면서 재조명되기 시작했다. 그러니까 해방 이후 40여 년간 북간도 고향에서도 윤동주라는 존재는 까맣게 잊혔다. 당시가 중국 공산당 시절인 것과 한중 간 수교 이전이었던 탓도 있었겠지만 너무 오랜 망각이었다. 중국 당국이 윤동주 생가를 복원하고 공원으로 조성한 것도 따지고 보면 윤동주에 대한 재발견이자 자신들의 역사에 귀속하려는 의도로 읽힌다. 한국 시인이 아닌 중국 소수민족인 조선족 시인이라는 안내문은 그렇게 나왔을 터이고, 위치적으로도 중국 영토 안에 남아 있음을 말하고 있으니 아주 잘못된 표현도 아니리라.

생가의 출입문은 굳게 닫혀 있다. 그때 밍둥촌 조선족 주민 송길연 씨가 문을 열고 나온다. 촌서기 출신으로서 마을을 지키며 4대째 거주하고 있다고 한다. 밍둥촌에서 농사를 지으면서 윤동주 생가의 관리인 격으로 내방객들을 안내하고 있다. 송씨의 안내를 받아 윤동주 생가공원에 들어서니 너른 마당에 건너편 산등성이가 시원하게 시야에 들어온다. 지금도 촌락이지만 100년 전 이곳은 얼마나 허허로운 바람이 부는 땅이었을까. 송씨는 바람이 매섭고 차다고 일러준다. 특히 겨울에는 정말 살을 에는 혹한으로 바깥출입 자체가 어렵다고 말한다. 그게 북간도 추위 아닌가. 그러고 보니 윤동주 시에 '바람'이라는 단어가 많이 등장하는 것을 생각하니, 다 고향에서 겪은 그 바람을 형상화한 것임을 알 것 같다.

윤동주 생가공원은 크게 교회 자리였던 기념관과 후에 복원한 생가터 두 곳으로 나뉜다. 기와집 지붕 위로 솟구친 십자가가 인상적이다. 건물은 좀 남루한 모습이지만 옛적 형태 그대로를 유지하고 있고 내부에는 윤동주 집안의 내력부터 시작해 여러 전시품을 전시해 놓았다. 그리고 앞에는 십자가 강단이 마련되어 있다. 생가는 단층 기와집인데 윤동주가 공부하던 방에는 그의 서거 70주기를 추모하는 작은 제사상이 마련되어 있다. 광복 70주년을 맞이했지만 윤동주에게만큼은 서거 70주기라는 엇갈린 역사가 묘한 마음의 동요를 일으킨다. 아직 화사한 봄이 오지 않아서인지 왠지 을씨년스러워 보이고 바람도 강했다. 경내 곳곳에는 윤동주 시비들이 외로이 서 있을 뿐이다.

송씨 설명에 따르면 밍둥촌에는 한때 많은 조선족들이 거주했으나, 중국 개방물결을 타고 서울로 타지로 나가는 바람에 현재 30여 호만 남

윤동주 생가공원

았다고 한다. 빈집이 많다. 그렇지만 이곳이야말로 민족항일정신이 서린 곳이며, 중국 한족의 전입을 막고 그간 유지해 온 정체성을 살려고 한다고 이야기한다. 송씨의 생각에서 해방 70년이 지난 오늘에도 항일의 연장선상에서 민족적 기개를 듣는 듯하지만, 실상은 그런 정신적 대물림 역시 거의 빛이 바랜 지 오래다.

밍둥촌 정신의 무엇인가. 함경도에서 건너온 윤씨 일가가 주축이 되어 일군 촌락은 성경에서 '아둘람 굴The cave of Adullam'에 비유할 만하다. 쫓겨나고, 헐벗고, 고난 받은 자들이 재기를 모색하던 아둘람의 기도는 당시 항일의 정신을 오롯이 세우던 이곳 명동촌의 그것과 다를 바 없다는 생각이 들었다. 윤동주에게서 성서는 우리말과 우리글이었다. 그는 일제 암흑기 우리말이 소멸되어 가는 위기 속에 말과 글로 민족혼을 일깨우는 주옥같은 시로 승화시켰다. 그는 펜으로 민족애를 고취시켰다. 북간도 추운 산등성이에서 동시대의 항일투사들이 총검으로 맞섰다면 그는 언어로 무장했다. 바로 그 언어가 북간도 문학 아니겠는가. 동시대를 살다가 서울에서 생을 마친 안수길의 북간도 문학과 맥을 같이하는 것이리라.

함경도 출신으로 아버지를 따라 북간도로 이주했다가 해방이 되자 서울로 돌아간 안수길은 『북간도』라는 대하소설로 북간도를 형상화했다. 소설 『북간도』의 시대적 배경은 조선 말기에서 해방에 이르는 세월이다. 4대에 걸친 북간도 이주민의 가족사를 통해 민족수난의 역사를 그리고 있다. 이를 윤동주의 가족사와 중첩해 들여다보면 닮은 구석이 많은 생이다. 일제강점기 두만강 건너 비옥한 땅을 개간해 먹고살며, 일신의 영달을 위해 부역을 하거나 민족이라는 정기를 지키고 사는 각각의 군상 이야기야말로 『북간도』 등장인물들의 행태인 바 그것은 인간 존재의 통상적인 모습 아니겠는가.

왜 두만강을 건넜는가. 나라가, 나라가 아니었다. 국가는 백성의 삶을 지켜주는 보호막이 되지 못했다. 망국인亡國人의 통한이 북간도에 질펀하게 적셔 있고 시로 소설로 형상화한 것이 북간도 문학이요, 그 이름이 윤동주요, 안수길이다. 이런 관점에서 보면 윤동주의 밍둥촌은 귀향하지 못한 실향촌이다. 광복 70년이 지난 오늘도 그 아픔은 현재형이다. 이북에서 이남으로 피난 왔던 아버지 세대의 실향을 극복하지 못한 탓도 있겠지만, 북간도에서 서울로 후이자하지 못함 역시 중국과 북한 간의 경로가 막혔기 때문이기도 하다. 윤동주 가족이 건넜던 두만강은 이제 자유롭게 대한민국 여권을 들고 건널 수 없는 강이다.

1912년 이동휘李東輝가 밍둥촌으로 망명해 옴으로써 독립운동은 조직적으로 전개되었다. 김약연의 지도로 무장투쟁에 매진했다. 이런 와중에도 명동학교는 인재양성에 박차를 가했다. 그 후 일제를 일거에 격퇴시킨 이곳 옌볜주 봉오동 전투, 청산리 전투에 참가한 핵심인력의 상당수도 명동학교 출신들이었다. 이런 이유로 일본은 명동학교를 불질러 태워버리는 등 처참하게 짓밟았다. 명동학교는 개교 이래 8년간 1,000여 명의 졸업생을 배출했다. 윤동주뿐 아니라 영화감독 나운규羅雲奎도 이곳 출신이다. 윤동주의 학업은 명동소학교에서 용정중학, 그리고 서울로 유학 연희전문학교로 이어진다.

윤동주 추모 사진 앞에 절을 올린다. 그의 시에 등장하는 바람소리처럼 방이 차디차다. 윤동주 생가공원은 비교적 큰 규모였으나 내실은 뭔가 엉성해 보인다. 뜻 있는 분들이 거금을 들여 기념관을 만들었겠지만 중국이 사실상 관리하는 영역이 되어버린 탓인가, 아니면 우리가 잊고 있는 탓인가. 우리가 윤동주를 제대로 추모하지 못하고 있다는 인상이 깊게 든다. 윤동주 가족이 건넌 두만강은 이제 쉽사리 건널 수 없는 강이다. 그러고 보면 윤동주 가족사는 아직도 미완이고, 과제다. 밍둥촌에서 싹튼 항일독립정신은 온전한 대한민국의 성립을 위해 활발했을진데, 이후 동강난 나라가 오늘에 이르고 있으니 말이다.

발걸음을 돌리려니 관광버스 한 대가 한국인들 한 무리를 내려놓는다. 송씨의 전화번호를 받아 쥐고 발걸음을 돌린다. 아마도 갈수록 윤동주 생가의 정체성은 더욱 모호해질 것이고, '중국 조선족 윤동주'라는 명칭은 중국인들에게 더욱 각인되지 않을까 노파심도 든다. 어느 시점부터인가 우리는 북간도라는 말도 잊어가고 있고 항일의 역사와도 멀어지고 있는 듯하다. 항일투쟁을 기리고 추모하는 작업에 얼마나 우리가 물심양면 정성을 기울였는가라고 묻는다면 달리 할 말이 없다. 너무 소홀히 생각하고 있는 것이다. 돌아오지 못한 윤동주, 지근의 두만강을 건너 아버지의 고향, 할아버지의 고향에 다시 가보지 못한 채, 광복이라는 빛줄기를 두 눈에 담지 못하고 운명을 달리한 윤동주의 얼굴은 분단 대한민국의 역사 그대로다.

갑작스레 연세대학교 백양로를 따라 종합관으로 올라가는 길이 떠오른다. 종합관 왼쪽 연세춘추신문사 앞마당 정원의 윤동주 시비가 아련하게 다가온다.

투먼경제개발구

    중국의 두만강 변경도시 투먼圖們은 북중 경계에서 중요한 길목이다. 양국은 철교와 콘크리트 다리 두 곳으로 연결되었다. 이처럼 두 가지 교통수단으로 연결된 곳은 북중 간에 많지 않다. 비록 일제강점기 때 건설된 상태 그대로지만, 그때부터 중요한 무역 및 교통의 거점 역할을 한 것은 사실인 셈이다. 투먼은 옌벤자치주로 들어오는 철도의 종점이다. 지린吉林에서 완행열차를 타고 13시간 달려 옌벤으로 들어오는 사람들이 많았다. 이 노선의 곳곳에는 조선족들의 마을이 다수 있고, 항일독립운동의 성지도 여럿 있다. 옌벤자치주 주도인 옌벤에서 자동차로 30여 분 거리다. 국제적으로도 지역의 중요성이 인정되고 있다. 현재 창지투長吉圖 프로젝트라고 해서 창춘長春-지린吉林-투먼圖們 축을 연결하는 지린성의 광대한 지역을 국제적인 특구로 조성하는 유엔프로그램 진행 중에 있다. 관광, 전자 등 다양한 업종을 지역 특색에 맞게 유치 및 조성해서 지역발전을 꾀한다는 것이다.

투먼과 두만강을 사이에 두고 마주보고 있는 마을은 북한의 남양이다. 투먼시 외곽 일광산 전망대에 올라가면 남양시 전경이 훤히 내려다보인다. 그리고 느린 속도로 유유히 흐르는 두만강은 이제 노랫가락에서의 "두만강 푸른 물"이 아니다. 중국 당국은 중국 측에서 출발하는 유람선을 운행하고 있다. 또한 투먼-남양을 연결하는 콘크리트 다리는 입장료를 지불하면 다리 중간까지 안내를 받아 다녀 올 수 있다. 최근 새로 건설할 예정이라는 보도가 나오기도 했다.

투먼에서 빼놓을 수 없는 곳이 투먼경제개발구다. 지린-훈춘 간 고속도로 투먼 톨게이트에서 빠져 나오면 경제개발구 내에 '휴롬Hurom'이라는 착즙기 회사를 찾을 수 있다. 중국 《CCTV.com 한국어방송》에 재직 중일 때 이 회사를 취재한 바 있다. 휴롬은 한국에서도 유명한 건강 주스 원액기 생산업체다. 이례적으로 해외공장을 중국의 변방 중 변방이라 할 수 있는 옌볜자치주 투먼에 두었다. 기업 입장에서는 물류 시스템이 무척 중요하다. 생산한 제품을 제때 가장 효율적으로 배송할 수 있는 교통망과 물류창고 등이 갖춰진 여건을 고려할 수밖에 없다. 그러나 아무리 둘러봐도 투먼은 그런 조건에 부합할 만한 지역은 아니다. 하지만 휴롬은 과감하게 이곳에 중국 현지 생산공장을 세우고 직접 중국 전역으로 제품을 공급하고 있다.

손이 무척 두텁고 호방한 성격의 전기태 공장장이 바로 휴롬 중국공장의 생산책임자다. 옌변자치주 출신의 조선족인 그는 상하이上海 등지에서 직장생활을 하다가 고향에서 의미 있는 일을 하고자 휴롬 중국공장으로 영입되어 왔다. 긴 타향살이 끝에 귀향한 사업가라고 할까. 그의 아버지는 함경도에서 옌벤으로 건너왔다. 아버지는 남양이 바로 보이는 두만강변에서 종종 김정구의 노래 〈눈물 젖은 두만강〉을 불렀다고 한다. 자신 역시 두만강변에 갈 때면 그 노래를 부른다고 한다.

휴롬은 오로지 한 가지 미래를 보고 투먼에 공장을 세웠다. 바로 북한의 변화를 고대하는 마음에서다. 제반 인프라가 턱없이 부족해서 생산 여건 자체가 어려워 출발은 녹록치 않았으나, 신념과 정성으로 돌파하고 이제는 자리를 굳건히 잡은 것이다. 게다가 중국 내에서 착즙기 수요가 폭발하면서 성장세를 구가하고 있다. 변방에서 쾌거를 이뤄낸 것이다. 그러던 차에 길훈고속도로가 개통되고, 훈춘까지 고속철도가 개통되는 등 교통 인프라도 빠르게 개선되어 물류 걱정도 덜게 되었다. 거대한 경제개발구 부지에 휴롬은 두 개의 공장을 지었다. 협력업체들은 공장에 무료로 입주해 제품 생산 및 조립 시간을 단축시키며 효율을 높였다.

종업원들은 중국인 한족과 조선족이 대부분이다. 기업 입장에서는 장기적으로 북한 주민들을 직접 고용하고 싶으나, 아직은 때가 아니라고 판단하고 있다. 하지만 투먼경제개발구에는 북한 근로자들이 많이 나와서 일을 하고 있는 추세다. 북한의 외화벌이 정책상 바로 코앞의 투먼으로의 해외 노동인력 파견이야말로 제격이다. 거리상으론 북한 근로자들이 집에서 출퇴근이 가능할 만큼 가깝기 때문이다. 전기태 공장장은 공단 입구 건물을 가리키면서 저것이 북한 근로자들의 집단 숙소라고 일러준다. 해외파견 북한 근로자들은 대부분 집단 숙소생활을 한다.

처음 휴롬 입장에서는 다소 불리했던 입지조건이었다. 하지만 공단 부지를 저렴하게 이용할 수 있고 대북협력의 길을 튼다는 명확한 목표가 일정 성과를 거두기 시작했다. 이 같은 기업의 현지진출을 전략적으로 수행할 지역은 북중 변경에도 있다. 투먼과는 다소 거리가 있지만 '농심'은 바이산_{白山}에서 생수를 제조하고 있다. 이처럼 더 많은 기업들이 북한과 중국의 국경도시에 터전만 잘 잡는다면 분명 투자한 만큼 수익을 낼 수 있는 기회가 될 것이다. 그리고 그것이 통일의 기반이 되지 않겠는가? 지난 동북3성 개발 붐 초기에 더 많은 한국 기업들이 북중 변경 쪽으로 진출했더라면 어땠을까 하는 아쉬움이 크다.

북한 당국은 북한 지역과 북중 변경지역에 다양한 형태의 경제특구를 조성하여 산업발전과 경제난 극복을 도모하겠다는 밑그림을 발표했으나 실행은 답보상태다. 독일 한스자이델재단Hannsseidel Stiftung 서울사무소 소장인 젤리거Bernhardt Seliget 박사가 2015년 12월 2일 '통일한국포럼' 창립식 특강에서 전한 현장 방문 경험담에 따르면, 북한 내에 조성하고자 하는 경제특구 역시 땅만 있고 주변 인프라는 전혀 없는 상태라고 한다. 그는 근자에 100여 차례 북한을 방문한 바 있는데, 북한이 관련 법이나 시행령을 만들긴 했으나 현장에 가보면 벌판밖에 없는 상태라는 것이다. 하지만 이처럼 막막한 상황임에도 그러한 계획이 결국 큰 변화로 귀결될 수도 있을 것이라는 의견을 더했다.

이에 비하면 투먼경제개발구는 기업 입장에서 실속 있는 지역이다. 실제 투먼에서 훈춘을 경유해 러시아 자루비노Zarubino로 나가는 경로도 한국 기업에게는 용이한 동선이다. 게다가 중국 국무원은 동북3성에 동북진흥정책을 적극 실행하고 싶어 한다. 중국 내에서 상대적으로 낙후된 동북3성을 발전시키겠다는 중국 정부의 의지가 담긴 것이다. 실제 이 정책은 가시적인 성과를 내며 속도 있게 추진되고 있다. 이제 만주벌판이 달라졌다. 고속철도가 달리고 사통팔달 도로가 연결되기 시작했다.

전기태 공장장과 일광산 전망대에 올랐다. 전 공장장은 조선족 마을들이 공동화된 것이 안타까웠다고 한다. 결국 자신이라도 고향을 지키겠다는 각오로 귀향했다면서, 이 같은 생각을 하는 이들이 요즘 늘고 있다고 전한다. 탁 트인 전망이 시야에 잡힌다. '갈 수 없으니 실컷 보기나 하자'는 생각으로 마음의 사진을 찍고 또 찍어 본다. 그는 말한다. "저거 보세요, 사는 게 다 보이는데 갈 수 없이 막혀 있다는 게 참으로 답답합니다."

그는 혼자 〈눈물 젖은 두만강〉 노랫말을 웅얼거리며, 강가로 발걸음을 옮긴다. 하지만 널따랗고 웅장한, 말로만 듣던 그 두만강이 아니다. 개천 같은 수준이다. 강물의 유량이 적은 탓일 게다. 저편 남양에서는 가을걷이로 분주한 모습이 그대로 보인다.

전기태의 『귀거래사』와 투먼
歸去來辭   圖們

전기태는 우람한 체격의 경상도 사나이 같다. 묵직한 어조로 인사를 건네며 잡은 그의 두터운 손은 생각 외로 따스했다. 그는 한국의 착즙기 회사 휴롬의 중국 투먼경제개발구지부 현지 공장장이다. 휴롬의 착즙기는 중국에서 괄목할 만한 성장세를 구가하고 있다. 휴롬이 중국 연안도시인 상하이上海나 광둥廣東 등이 아닌 투먼에 공장을 세운 것은 북한을 염두에 둔 포석이었다. 기업 입장에서 투먼의 입지조건은 썩 좋다고 할 수 없다. 당시 동북3성은 유통에 용이한 도로나 기간산업 인프라가 부족했다. 따라서 물건을 실어 나르는 데 많은 시간과 비용이 들었다. 그런데도 휴롬이 투먼을 적지로 택한 것은 향후 통일을 바라보고 있기 때문이다.

투먼시는 옌볜자치주의 두만강변에 있는 작은 도시다. 인구는 13만 명 남짓으로, 조선족이 주를 이룬다. 두만강을 두고 마주하고 있는 북한은 한반도 머리끝에 해당하는 온성군 남양면이다. 투먼은 시 외곽에 경제개발구를 조성해 국내외 기업을 꽤 성공적으로 유치하고 있다. 이곳의 경제권은 훈춘 등의 지역에 포함되는데, 규모가 그리 크지는 않지만 지역경제에 활력을 불어넣고 있다. 향후 이뤄질 북한 개방에 대해 기대를 갖고 대비하고 있는 것이다.

전 공장장의 안내로 휴롬 공장시설을 견학해 봤다. 협력사와 한 울타리 안에서 제품을 제조하고 있는 공장은 깨끗하게 잘 정돈되어 있다. 근로자들은 전부 중국인들이다. 전 공장장은 향후 북한 인력을 데려다 쓸 계획이라고 귀띔한다. 아직은 법규상 그렇게 못하고 있지만, 이미 이곳 투먼경제개발구에는 많은 북한 근로자들이 들어와 있다고 한다. 그들은 북한의 외화벌이 목적으로 파견된 근로자들로, 일정 기간 근무하며 받은 월급 중 상당수는 북한 당국에 반납한다. 북한 개방이 좀 더 진전되면 인력은 더 많이 나올 것이라는 설명이다.

투먼 두만강변의 일광정 전망대에 오르자 두만강 건너 남양이 한눈에 들어온다. 투먼과 남양을 잇는 철교, 황토빛 두만강 위를 오가는 유람선도 보인다. 일광정 전망대에서는 남양의 길거리와 주민들을 볼 수 있다. 민둥산 아래 밭에서 일하는 농부들의 모습이 지척이다. 남양은 북한에서 만주로 가는 길목이었다. 일제강점기 때 투먼-남양을 잇는 도로와 철도가 건설되었기 때문이다. 당시 사람들은 이곳에서 투먼을 거쳐 지린-창춘 등지로 나갔다. 지금은 투먼의 교통 인프라가 많이 개선되어 어디든 쉽게 갈 수 있다. 이미 창춘-훈춘 고속도로가 개통되었고 고속철도도 들어설 예정이다. 동쪽의 훈춘-자루비노 길도 활짝 열렸다. 전 공장장은 이러한 교통혁신으로 인해 가장 큰 애로사항이었던 물류의 효율화가 개선되었고, 앞으로의 전망 역시 좋아졌다고 말한다.

일광정 전망대 일대는 관광명소로 알려져 있다. 특히 이곳을 지나는 카이산툰-산허 길은 두만강 상류를 오르는 자전거 여행객들에게 아주 좋은 코스다. 편의시설도 많이 들어서 있는데다가, 전망대에서 보이는 남양의 풍경도 빼놓을 수 없다. 좁은 계단을 올라가는 전망대에 서면 마치 경계초소에서 보듯 남양의 길거리 간판까지 관찰할 수 있다. 이후 남양교의 중간까지 걸어가 보는 코스가 이곳의 핵심 관광상품이다. 일제강점기에 가설된 남양교는 낡은 모습이 역력하다. 관광객들은 안내인을 따라 다리 중간 지점의 중국 쪽 경계선까지만 갈 수 있다. 그 너머의 다리는 적막이 감돈다. 북중 변경 다리 어느 곳에서나 흔히 볼 수 있는 광경이다. 중국은 접근 가능한 범위 내에서 북중 변경을 전부 관광자원으로 활용하고 있다. 이러한 전략은 꽤 많은 관광객들을 불러 모을 뿐만 아니라 중국의 재정수입에도 기여하고 있다.

전 공장장은 중국 개방 이후 성공을 꿈꾸며 옮겨 간 상하이에서 회사를 경영하며 성공을 이루었지만 그를 마다하고 귀향한 지 3년이 되었다고 한다. "고향이 텅 비어가고 있습니다. 이렇게 다들 떠나가다 보면 언젠가는 지역 공동체가 없어질지도 모릅니다. 더 악화돼서는 안 된다는 생각에 저부터 다시 고향으로 돌아왔습니다. 작게나마 지역을 살리는 일을 하면서 고향을 지키렵니다." 그의 말이 맞다. 지금 조선족 사회는 공동화空洞化의 위기 속에 처해 있다. 투먼도 마찬가지다. 조선족 대다수가 인구 구성에서 위치를 잃어가고 있다. 어려운 역경 속에도 자수성가로 지역사회를 개척한 조선족 변경마을들은 우리의 든든한 역외 거점이다. 피폐해지고 있는 조선족 마을에 전 공장장과 같은 '귀거래歸去來'는 큰 활력이다.

그는 말한다. "이전에는 못 살아 다들 떠났는데 정작 좀 살게 되니 동포들이 없습니다." 모처럼 다시 찾은 투먼 거리는 몰라보게 변해 있다. 중국의 거리가 깨끗해지고 있다는 걸 투먼을 보면 알 수 있다. 역 앞에 여장을 풀고 밖을 보니 비가 흩뿌리고 있었다. 투먼역사에 걸려 있는 '圖們'이라는 글자가 빗물에 젖어 붉게 빛난다.

팡촨에서 취안허통상구 가는 길
防川   圈河

　　한반도 지형을 두고 마치 토끼와 닮았다고도 한다. 토끼가 귀를 쫑긋하고 있는 듯한 북방지역이 바로 함경북도다. 함경도는 한반도에서 유일하게 중국, 러시아와 국경을 맞대고 있는 지역이다. 한반도의 가장 북쪽에 해당하지만, 국경이 맞닿는 세 나라의 관점에서 보면 교차지점이 된다.

　　이제 요즘 뜨고 있는 훈춘에서 승용차를 타고 팡촨防川으로 향한다. 헤이룽장黑龍江성 지인이 미리 이야기를 해둔 덕에 훈춘시 당국의 배려를 받을 수 있었다. 훈춘 시내에서 팡촨까지 가는 도중에 취안허圈河통상구도 둘러볼 참이다. 그 길은 두만강 하구로 내려가는 길인 동시에 동해로 향하는 길이기도 하다. 떠나기 전 호텔 방에서 중국 지도를 놓고 보니 팡촨의 위치를 더욱 명료하게 파악할 수 있었다. 중국 입장에서 팡촨은 동쪽 끝으로, 해가 가장 먼저 뜨는 곳이다. 실제로 새해 아침이 되면

중국 텔레비전에서는 팡촨의 일출 광경을 보여준다.

팡촨은 북중 변경 두만강 하류지점이다. 그곳은 전망대를 통해 세 나라를 한눈에 조망할 수 있다는 지역적 특성 때문에 관광지로 개발되어 있다. 여타 다른 산업시설은 없다. 팡촨 언저리 두만강 하류지역이 주목을 받는 이유 역시 이곳이 3국의 교차점이기 때문이다. 이곳은 향후 교통요지로 발전할 가능성이 크고, 동시에 관광지로도 개발이 가능할 만큼 가치도 높다. 이미 중국 지린성 정부는 이곳을 국제관광특구로 개발한다는 구상을 내놨다. 또 한 가지는 팡촨 조금 못 미치는 곳에 위치한 취안허통상구를 통해 나진-선봉으로 들어갈 수 있다. 이곳 역시 북한 나선경제자유지대로 가는 통로로 주목받고 있다.

  팡촨으로 가는 길은 탁 트인 벌판이다. 차창 오른쪽으로 두만강 줄
기가 보이고 포장도로를 지나치면서 마을도 나온다. 아일랜드의 해안
도로를 달리는 듯한 기분이 절로 든다. 탁 트인 개활지이자 자연의 내음
이 물씬 나는 이곳에는 번듯한 공장도 산업시설도 없다. 중국식으로 말
하면 '촌村'이나 '진鎭' 정도의 작은 부락들이 고작이다. 평화롭고 고즈
넉한 분위기가 때 묻지 않은 풍경과 어우러져 서정적인 느낌을 자아낸
다. 훈춘시 당국자가 이야기를 해두었는지 팡촨관광지구 입구에 들어서
자 안내자가 바로 차단막을 열어준다. 중국이 부패와 전쟁에서 벗어나
기 위한 정상화작업을 추진 중이지만 그래도 이 정도는 아직 통하는 것
같기도 하고, 한편으론 한국인 손님에 대한 배려가 아닌가 싶기도 하다.

군사시설과 함께 조성된 팡촨관광지구의 핵심은 거대한 망해각望海閣 전망대다. 이름처럼 동해를 바라볼 수 있는 누각이다. 엘리베이터에 탑승해 맨 꼭대기로 올라가면 탁 트인 시야가 180도 이상 펼쳐진다. 그 경이로운 전망을 자세히 보면 세세한 풍경들이 점점이 찍혀 있다.

먼저 바로 아래 두만강에 목선이 떠 있다. 비록 노랫말처럼 "두만강 푸른 물"은 아니지만 충분히 아름다운 풍경이다. 목선은 두만강에서 고기를 잡는 중국 어부들의 배다. 강을 따라 하류로 시선을 옮기면 북러철교가 보인다. 이 역시 일제강점기에 건설한 다리이다 보니 한강철교와 압록강철교를 닮았다. 이 북러철교가 유라시아 철도의 함경도 출발선이 된다. 북러철교를 지나면 러시아 하산Khasan에 다다르고, 이는 블라디보스토크Vladivostok를 경유하는 시베리아횡단철도TSR, Trans-Siberian Railroad를 통해 유럽 쪽 물자를 나진-선봉으로 나를 수 있다. 여기서 물자들은 다시 배를 이용해 동해를 지나 한국까지 전달될 수 있다.

북러철교를 카메라 렌즈의 하단에 걸고 눈을 좀 더 치켜뜨면 선명한 동해의 모습을 볼 수 있다. 시원하게 펼쳐진 풍경은 하나의 거대한 팔레트 같다. 어떤 경계도 없이 통합된 모습이다. 때 묻지 않은 자연이 싱그럽기만 하다. 중국은 팡촨을 생태공원으로 지정했다. 그만큼 오염도 없고 보전상태가 좋다. 중국 정부가 팡촨을 국제관광특구로 개발하고자 하는 계획에는 이렇게 아름다운 생태환경이 바탕이 되었다.

팡촨은 곧장 북한으로 갈 수 없는, 지리적으로 묘한 위치에 있다. 중국에서 동해로 나가려면 러시아를 경유해야만 한다. 중국의 해안선 길이가 1만 8,000km라고 하는데 이 가운데 동해는 1mm도 포함되어 있지 않다. 훈춘은 중국의 동쪽 끝이지만 바다에 닿으려면 15km 정도 더 나가야 한다. 이 지역의 중요성을 이해하기 위해서는 큰 길로 나와 동해로 가는 길목을 살펴보면 된다. 이 경로를 점검해 보면 더 큰 그림이 드러난다.

팡촨 가는 길은 시골길 같지만, 훈춘에서 곧장 동해로 나가는 길은 현재 고속도로 공사가 한창이다. 훈춘에서 자루비노로 이어지는 길이다. 자루비노는 러시아의 항구도시다. 이전에 자루비노-속초 페리선이 취항한데다, 올해는 자루비노-부산 노선이 연결되었다. 일주일에 한 번 오가는 컨테이너 정기노선이다. 부산항에 도착한 컨테이너는 다시 북미, 남미로 향한다. 훈춘에서 철로를 따라 자루비노에 도착한 뒤, 다시 선박을 이용해 부산으로 연결하는 철도-해운 노선인 셈이다. 중국은 이 노선을 통해 동해로 이어지는 길을 열었다. 이는 중국의 오랜 꿈인 동진정책東進政策의 완성이자, 동시에 시진핑 정부가 야심차게 추진하고 있는 '일대일로一帶一路' 프로젝트의 동쪽 전략인 셈이다. 일대일로는 동남아시아와 중동을 연결하는 해로를 만들어 하나의 경제권역으로 만들려는 전략으로, 경제·산업·문화의 번성이 목적이다. 과거 실크로드Silk Road와 비견되는 전략이다.

원래 중국 동북지방이라고 하는 지린성이나 헤이룽장성은 한민족이 많이 거주하고 있는 지역이다. 과거 이곳의 교통 여건은 매우 열악했다. 창춘에서 훈춘으로 가려면 기차로 19시간이나 걸렸다. 그런데 이제는 완전히 달라졌다. 창춘-훈춘 고속도로가 연결된데다, 올 가을에는

시속 250㎞로 주파하는 창춘-지린 고속철도가 훈춘까지 연장 개통된
다. 이렇게 되면 창춘에서 훈춘까지는 고속철도로 3시간이면 족하다. 우
리 선조들이 항일투쟁을 했던 자오허交河, 둔화敦化, 다스大石, 안투安圖 등
의 지역에도 역이 생긴다. 옌볜자치주가 변화하고 있는 것이다.

이 같은 변화는 무엇을 의미하는가. 중국의 수출품들이 선양이나 창
춘에서 다롄 항구로 가지 않고 자루비노 항구, 나진 항구로 가게 되는
것이다. 그렇게 되면 중국 물자의 이동시간이 단축되고 물류비용도 대
폭 절감된다. 경제적 효과가 커지는 것이다. 과거 러시아와의 전쟁에서
패배해 동해 쪽 진출통로를 봉쇄당한 아픈 역사를 가지고 있는 중국은
이미 나진항의 사용권을 확보해 놓았다. 실로 오랜 세월 끝에 동해 진출
의 꿈을 이루게 되는 역사적인 사건이다. 망해각 전망대에서 볼 수 있는
광활한 풍경의 세밀한 하부에는 이런 현실이 움직이고 있는 것이다.

이 같은 변화의 흐름을 엿볼 수 있는 곳은 두만강 하류지역에도 있
다. 최근 가장 주목받는 통상구 중 하나인 취안허통상구다. 압록강에 단
둥통상구가 있다면 두만강에는 취안허통상구가 있다. 두 통상구는 사실
대북 통상구의 쌍벽을 이루고 있다. 단둥이 대북 교역물자의 70% 이상
을 감당하는 최대 통상구라면, 취안허는 중국 지린성 대북 교역의 최대
창구로, 지린성에서 출발하는 물자의 70% 이상이 취안허를 통하고 있
다. 고속철도가 훈춘까지 개통되고 중국의 일대일로 전략이 동해 쪽으
로 뻗어나가고 있는 시점, 취안허통상구의 역할은 더더욱 중요해졌다.
두만강 유역의 통상구 중에서 가장 중요한 역할을 담당하고 있는 것이

다. 중국에서 나진-선봉 자유무역지대로 갈 수 있는 유일한 직통로이기 때문이다. 북한에서는 청진을 통해 나진-선봉으로 진입하지만 중국 쪽에서는 취안허를 경유해야 한다.

거대한 대문을 연상시키는 취안허통상구 정문 앞에는 항상 차량들이 길게 줄지어 서 있다. 그중에서도 유독 눈에 띄는 것은 물자를 가득 실은 트럭들이다. 통상구 입구에는 작은 상가들이 형성되어 있다. 통상구 곳곳을 촬영하는 사이 중국 공안들이 우르르 달려와 가로막는다. 촬영 불가 지역이라는 것이다. 현재 취안허통상구에는 북한 원정리로 통하는 신두만강대교 건설공사가 한창이다. 원래는 1936년에 건설된 2차선 다리가 있었으나 워낙 오래되다 보니 대형 화물차 운행이 어려웠다. 새로 건설되고 있는 신두만강대교는 4차선 자동차전용도로이기 때문에 이전보다 훨씬 많은 물자들을 나를 수 있어, 다리가 완공되면 중국의 대북 교역량은 더욱 늘 것이다. 결과적으로 압록강에는 신압록강대교가, 두만강에는 신두만강대교가 개통을 기다리고 있는데, 두 신축 다리는 분명 향후 북중 교역의 상징이 될 것이다.

동해안 지역의 수산물 역시 취안허통상구를 통해 중국 옌볜자치주로 들어오고 있다. 최근에는 중국 자동차 수출도 이뤄지고 있다. 조선족들이 북한으로 들어갈 때도 이곳을 통하게 된다. 자가용 여행객들도 많이 늘었다. 이렇게 통상구가 활기를 띠자 지린성 정부는 통상구를 일요일에도 개방하는 무휴일 운영제도를 도입했다.

1991년 북한 최초로 설정된 나진-선봉 자유경제지역은 여전히 진행형이다. 방문객들의 르포나 방문기를 종합해 보면, 체코음식점이 운영되는 등 기존 북한 지역들과 사뭇 다른 풍경이라고 한다. 북한에선 주로 중국 제품이 인기가 많다고 한다. 《흑룡강신문》 보도에 따르면 헤이룽장성 정부는 2014년에 이어 2015년에도 나선에서 대규모 상품 전시회를 열었다. 자동차, 가전제품, 건축자재 등의 상품들은 전시가 진행되는 3일 동안 준비된 물량이 부족할 정도로 인기를 모았으며, 주민들의 호응도 좋았다고 한다.

나진은 부동항이기 때문에 전략적 가치가 더욱 높다. 세 개 부두의 물동량 처리능력은 300만 톤에 달한다. 중국은 사실 오래전부터 이 지역에 관심을 가져왔고 투자도 많이 해왔다. 취안허통상구 다리 건너 온정리에서 나진까지 이르는 도로의 포장도 중국이 해주었다. 모두 중국의 동해 진출 전략과 맞물린 사전작업인 것이다.

이처럼 북중 양국의 결속은 더욱 든든해지고 있다. 두 나라 간의 특수한 관계도 한 몫 하지만, 중국의 경제적 여건이 좋아지면서 투자나 지원이 더욱 활발해지고 있기도 하다. 짐작건대 북중 변경에서 발생한 비즈니스는 중국이 대부분 장악하고 있을 것이다. 한국 기업들도 훈춘 인근지역이 가진 물류 교통망의 강점을 인식해 물류센터를 짓는 등 대책을 마련하고 있지만, 아직 걸음마 단계다. 중국의 행보에 맞추어 한국도 북한과 협력할 수 있는 투자가 필요하지만 그럴 수 없는 현실이 안타까울 뿐이다.

나중에 훈춘으로 돌아와 중국 당국자에게 차량통행의 배려를 받았던 이야기를 꺼냈더니 그는 이렇게 말한다. "취안허통상구를 통해 아침마다 북한의 싱싱한 해산물이 훈춘, 옌지延吉로 들어오고 있습니다. 저도 지인에게 물 좋은 것 있으면 보내라고 연락하곤 합니다. 그러면 아침에 곧바로 싱싱한 횟감 생선을 받을 수 있습니다." 일상에서도 취안허통상구를 통해 북중 간의 거래가 활발하게 이뤄지고 있다는, 소소하지만 사람 냄새 나는 방증이다. 실제 북한산 해산물 반입량은 괄목할 만한 수준이다. 정확한 반입량은 알 수 없지만, 최근 훈춘에는 북한산 해산물만 저장하는 냉동창고 사업이 번성하고 있다고 한다. 실제로 훈춘이나 옌지 시장의 좌판에서는 북한산 미역을 비롯해 싱싱한 생선들이 팔리는 풍경을 볼 수 있다. 중국에선 청정 자연산인 북한산 해산물의 인기가 특히 좋은 편이라고 한다.

그동안 북중 접경지역 중 상대적으로 개발이 더뎠던 두만강 하류지역이 역동적인 움직임을 보이고 있다. 그 바탕에는 잘 갖춰진 교통 인프라와 함께 중국, 러시아, 북한이 만나는 삼각지점 개발에 대한 국제적 관심이 맞물려 있다. 특히 중국이 야심찬 계획을 활발히 추진하고 있다. 이미 그동안 남부지방에 비해 상대적으로 낙후되었던 동북지방을 개발코자 이른바 동북진흥계획을 추진하며, 기간산업과 교통 인프라 대혁명을 가동하는 등 가시적인 성과도 내고 있다. 중국의 동해 진출전략도 이 연장선상에 있다. 이 틈에 중국은 동해로 나가는 교통로를 확보하며 북한과의 연결망도 확충하는 중이다.

훈춘–자루비노, 훈춘–나진·청진, 하산–나진 등 거미줄처럼 짜인 연결망은 미래의 새로운 부가가치 창출을 예고하고 있다. 북한 개방과 통일을 대비하는 미래전략인 것이다. 북한이 개방에 적극적으로 임한다면 이처럼 원대한 그림들은 분명 현실로 다가올 것이다. 한국은 예부터 유라시아 진출을 꿈꿨다. 그러나 북한 땅을 통과하지 못한다면 반쪽짜리 구상에 지나지 않다. 좀 더 현실적인 전략이 필요하다.

훈춘은 중국의 동쪽 변방이지만 3국 관점에서 보면 중심지 역할이 가능한 지역이다. 중국 정부 역시 동북지방을 북방교역의 새로운 교두보로 삼고자 노력하고 있다. 훈춘은 향후 북중 변경 중 가장 주목받을 곳 중 하나다. 결국 북중 변경 발전은 단둥 권역과 이곳 두만강 권역이 두 중심축이 되어 진행될 것이고, 이는 동북아 평화지도에 상당한 영향을 미칠 것이다. 한국 정부는 북중 접경을 지속적으로 관찰할 필요가 있다. 따라서 앞으로 이 두 지역의 동향과 추이에 촉각을 곤두세우고 적절한 대응 전략을 구상해 나가야 할 것이다.

7장

동북3성을 북한 개방 교두보로 삼자 - K에게 (3)

하얼빈哈爾濱에 '중앙대가中央大街'라는 멋진 길이 있습니다. 구舊도심을 가로지르는 중앙대가는 중국에서 보기 드문 서구식 도로로, 많은 사람이 찾는 하얼빈의 명소죠. 하얼빈은 건축박물관이라고 할 정도로 근대와 현대의 다양한 건축양식을 볼 수 있는 도시입니다. 그런데 이 거리의 역사가 동청철도東淸鐵道 건설과 무관하지 않다고 합니다.

1898년 쑤이펀강綏芬河에서 만저우리滿洲里까지 연결해 대륙을 횡단하는 철도 공사가 하얼빈에서 시작되어 1903년 완공되었습니다. 만주횡단철도TMR, Trans-Manchurian Railway라고 부르죠. 남만주철도南滿洲鐵道는 다롄에서 하얼빈을 잇는 노선입니다. 동청철도 건설은 우리에게도 운명적인 사건입니다. 철도 건설을 위해 많은 한국인이 만주 땅으로 이주하기 시작했고 특히, 조선인들이 하얼빈에 진출하게 된 직접적인 계기가 되었습니다. 중앙대가를 걸으며 그 생각을 떠올리면 가슴이 먹먹해집니다. 조선인들이 하얼빈의 벽돌을 함께 쌓기 시작하면서부터, 하얼빈은 쑹화강松花江 앞 한가한 어촌에서 사람들이 북적대는 도시로 급성장했습니다. 아주 먼 과거 이야기가 아닙니다.

K, 잠시 중국의 동북3성 지도를 펴놓고 보십시오. 하얼빈은 서울에서 수직 방향으로 위쪽에 위치합니다. 직선거리로는 900km 정도입니다. 하얼빈을 중심으로 연결되어 있는

하얼빈역

철도 노선을 보면 베이징에서 다롄-창춘-하얼빈 선이 보이죠. 또한, 블라디보스토크-쑤이펀강-하얼빈-만저우리-네이멍구內蒙古를 연결해 시베리아 횡단철도로 직결되는 노선이 가로지릅니다. 시선을 한국 쪽으로 내려 하얼빈에서 선양-단둥으로 내려오면 바로 신의주-평양-서울이 연결됩니다. 하얼빈을 중심으로 위아래 좌우로 노선이 잘 연결되어 있음을 확인할 수 있습니다.

여기서 간과해서는 안 될 대목이 이렇게 거미줄처럼 연결된 노선 속에 중국 고속철도망이 확장되고 있다는 점입니다. 이미 다롄에서 하얼빈까지 시속 300km 고속열차가 질주하고 있습니다. 청나라의 수도였던 랴오닝성의 성도省都 선양에서 하얼빈은 불과 2시간입니다. 이어 하얼빈-지아무스佳木斯 노선 고속철도 공사가 2015년 7월부터 시작되었습니다. 이렇게 되면 고속철도를 타고 러시아 접경까지 도달할 수 있습니다. 중국 국무원이 2015년 8월 발표한 동북진흥정책 문건을 보면 이러한 과업이 조속히 추진되고 있다는 것을 알 수 있습니다.

주내용은 하얼빈을 동북3성의 중심도시로 부흥시킨다는 것입니다. 마치 100년 전 만주철도 건설을 계기로 하얼빈이 부흥했던 시절이 연상됩니다. 동북3성 재도약의 불길을 당기겠다는 것이죠. 먼저 항공노선, 고속도로 및 기간도로를 대폭 확충한다는 계획 중 이미 동북3성에서 처음으로 하얼빈-모스크바 간 항공노선이 개통되었습니다. 곧 하얼빈-뉴욕 노선도 개통된다죠.

K, 이러한 중국의 정책의 의미는 무엇일까요. 중국은 동북3성을 마지막 보고로 여기고 있습니다. 그동안 중국 내 발전정책에서 소외되어 상대적으로 발전이 더디고 낙후되었던 이곳을 새롭게 발전시키겠다는 것인데, 이는 중국 발전정책 중 회심의 카드로 여겨집니다. 거품 논란 및 중국 경제의 경착륙 우려 등이 있지만 동북3성을 통해 발전동력을 이어가겠다는 것이죠. 사실 동북3성은 지하자원이 풍부하고 개발환경이 좋습니다. 과거 만주가 동북아의 용광로였던 이유죠.

한편으로 한국은 북한과 간접적으로 접근해 이득을 취할 수 있는 인프라가 좋아졌죠. 이를테면 백두산이나 압록강 관광 시 이전보다 다양한 교통수단과 경로를 이용할 수 있습니다. 인천에서 배를 타고 단둥에 도착해 고속도로를 이용해도 되고, 다롄 항구에서 고속철도를 타고 창춘을 거쳐 가도 됩니다. 한국 코레일도 이 노선을 이용한 관광상품을 출시했다고 하죠. 지금 서울에서 많은 관심을 받고 있는 유라시아Eurasia 노선의 연결 그림이 다 이런 연계 시스템을 바탕으로 하고 있는 셈입니다. 요체는 북한 땅을 통과해야 하는 문제를 해결하는 것이기 때문에, 여전히 남북관계 개선과 맞물린 과제이기도 하죠.

K, 이것이 한민족의 잊힌 무대인 만주 땅에서 현재 벌어지고 있는 모습입니다. 조감도가 아니라 진행형입니다. 일전에 제주에서 손님들이 왔는데 하얼빈이 옥수수밭인 줄 알았다고 하더군요. 우린 동북3성을 아주 잘 알고 있다고 생각하지만 사실 그렇지 않습니다. 우리의 관심 역시 매우 지엽적인 부분에 그치면서 전체를 보는 데 실패하고 있습니다. 그 실패에 대해서는 한국 정부정책에도 아쉬움이 있습니다. 동북3성의 조선족을 비롯한 전반적인 정책을 방치하고 있다는 생각을 지울 수 없습니다. 한때 한국 정부는 동북3성에 대한 관심을 높이다가 갑자기 관심을 끊기도 했습니다. 바로 그 사이 동북3성은 눈부신 발전을 했습니다.

조선족 동포들의 삶도 마찬가지입니다. 코리안 드림을 위해 한국행을 택하던 시절과는 많이 달라졌습니다. 그런데 우리의 인식은 이른바 '옌벤 수준' 고정관념에 머물고 있지 않나요? 참으로 안타깝습니다.

하얼빈 중앙대가

　　K, 제가 진정 하고 싶은 이야기를 드리고자 합니다. 동북3성의 질적 발전은 무엇을 의미하는 걸까요. 동북3성은 교통을 비롯한 각종 인프라가 급격하게 발전하고 있는 지역입니다. 한국은 이를 잘 활용해서 북한 개방의 간접통로로 활용해야 한다는 것이죠. 쉽게 말해 북한과 국경을 맞대는 동북3성은 입지조건이 좋아 한국 기업이 활동하기에 매우 매력적인 블루오션인 셈입니다.

　　단둥의 황금평 프로젝트를 기억하실 겁니다. 단둥시가 자유무역지대를 건설하고 여기에 입주한 한국 기업들은 북한 노동자들을 고용해 상생하자는 구상이죠. 중국이 터전을 제공하고 한국과 중국 기업에서 북한 주민들이 일하는 이 그림은 북한 개방의 명분과 경제 활력에도 도움을 줄 것입니다. 이는 개성공단과 다른 차원의 이점도 있습니다. 인프라의 안정성이죠. 마찬가지로 이런 구상을 동북3성 전체로 넓혀 북한의 간접개방을 돕고 향후 통일시대의 가교 내지 교두보로 활용하는 겁니다.

나아가 한국 기업의 새로운 영역 개척에도 도움을 줄 것입니다. 그러기 위해서는 더 많은 한국 기업이 동북3성에 진출해야 합니다. 이는 전략적인 진출일 수도 있겠지만, 무엇보다 미래 한국을 위한 초석 차원에서 진행되어야 합니다. 그리고 놀랍게도 동북3성은 이미 그 토대를 잘 갖추고 있습니다.

광복 70년이 지났습니다. 너무 긴 세월이 속절없이 흐르고 있습니다. 이대로 현상유지만이 능사인가요. 일제강점기에 독립운동을 위해, 강제노동을 위해 만주로 건너와 숱한 고초와 역경을 이겨내고 광복을 이루고자 했던 정신이 이제는 무용한 것인가요. 새로운 만주정신이 필요합니다. 탁자 앞에 앉아 공리공담空理空談하는 통일 노력은 그만두고 이제 실사구시實事求是로 현장에서 민족의 번영을 위해 각고의 노력을 펼쳐야 합니다.

작은 것부터 시작한다는 의미를 현장에서 다시 새겨야 합니다. 그런 최소한의 노력이나 열정 없이 말로만 "대박"이라고 하는 통일논의가 얼마나 허무맹랑한 환상이고 눈속임인지 우리 모두 성찰해야 합니다. 동북3성은 만주 땅 그곳입니다. 그 만주 땅이 상전벽해의 변혁을 이뤄냈듯이 우리도 남북관계에서 뭔가를 하나라도 이뤄내야 합니다. 동북 3성이 바로 전초기지라는 점을 잊지 말고 전략적 접근과 활용에 이제라도 나서야 합니다.

마국광 기자의 조선족 포용정책
朝鮮族

마국광 기자를 종로구청 앞에서 만났다. 푹푹 찌는 삼복더위였지만 우리는 반가운 재회의 기쁨을 나누기 위해 한걸음에 생맥줏집으로 달려갔다. 하얼빈에서의 추억을 나누면서 밤이 이슥하도록 마셨다. 하얼빈 지역지 《흑룡강신문》 소속인 마국광 기자는 《동아일보》에서 실시하는 기자연수를 받기 위해 한 달 일정으로 한국에 머무는 중이었다. 《연합뉴스》의 주선으로 동북3성 동포매체 기자들을 초청, 각 언론사에서 선진 미디어 연수를 할 수 있게 해주는 프로그램 덕택이다. 마 기자는 "직접 보니 무척 빡세게 일하더라"면서 매우 유익한 프로그램이었다고 후기를 전했다.

마 기자가 귀국한 며칠 뒤, 인터넷상에 눈길을 끄는 기사 하나가 있었다. 재외동포재단이 2016년 중국 동포 지원프로그램 지원예산을 신청했는데 하나도 반영이 되지 않고 모두 삭감되어, 이 때문에 중국 동포사회에서 반발이 크다는 기사였다. 많은 동포들이 동포 3세인 마국광 기자처럼 정례적인 한국으로의 연수 기회를 갖지 못할 처지다. 그동안 제대로 된 프로그램도 없었던 상황에서 모처럼 좋은 취지의 프로그램이 시작하자마자 흐지부지되는 격이다.

현재 동북3성 내에서 운영되고 있는 동포 매체들은 다들 큰 어려움을 겪고 있다. 주 독자였던 동포들이 한국으로 넘어오면서 인구수가 현저히 감소한데다, 디지털 시대의 도래로 인해 신문 구독자 수가 크게 줄었기 때문이다. 이러한 열악한 여건 때문에 동북3성 내 동포 매체들은 독자들의 기대에 적절히 부응하지 못한 채 다소 뒤처지고 있다. 마국광 기자의 한국 연수도 바로 그런 환경적 어려움을 해소하기 위한 차원에서 진행되었다. 동북3성 동포매체들이 좀 더 질 높은 미디어를 만들기 위해서는 기자들 개인의 내공과 기술도 향상되어야 한다. 그렇다고 중국 정부의 지원을 기대하기도 어렵다. 이제 중국도 개별 단위 사업체에 계약직 제도를 도입하는 등 경영혁신을 도모 중이다. 그렇다 보니 《흑룡강신문》을 비롯해 《길림신문》, 《연변신문》 등 동북3성 동포매체들은 안팎으로 어려운 상황에 처해 있다.

그렇다고 이들 신문을 폐간할 수도 없는 노릇일 뿐더러 그래서도 안된다. 동북3성 동포매체들은 나름의 역사를 이룩하며, 오랫동안 동포사회를 하나로 묶는 구심점 역할을 해왔다. 중국의 개혁개방 이전 참으로 힘들던 시절부터 한글신문을 발행하며 동포사회의 최신 소식을 전하는 등 유대감을 과시했다. 무엇보다 한글의 유지 발전이라는 소임을 다해

온 것은 우리 민족정신을 고취하는 작업이라 할 수 있다.

마 기자와 같은 3세대만 해도 그런대로 한국어를 구사한다. 그러나 마 기자의 유치원생 딸은 중국어를 더 익숙해 한다. 마 기자는 딸에게 한국어를 가르치는 것이 매우 어렵다고 말한다. 집 안에서만큼은 한국어를 사용하도록 지도하지만 유치원이나 집 밖에 나가면 한국어로 대화할 수 있는 또래를 만나기도 어려운데다, 따로 학습할 수 있는 환경도 녹록치 않기 때문이다. 그렇다 보니 요즘 젊은 조선족들은 주로 한국어보다 중국어를 사용하고 더 편하게 생각한다고 한다. 무엇보다 인구감소로 인해 조선족 학교들이 문을 닫을 지경이니 그리 놀랄 일도 아니다. 이런 현상은 나아가 동포매체의 전망을 긍정적으로 이끌 수 없는 배경이기도 하다.

헤이룽장성의 성도인 하얼빈만 해도 그렇다. 20년 전만 해도 십 수만 명의 조선족들이 거주하면서 큰 규모의 동포사회를 형성했지만, 지금은 그렇지 않다. 최근 하얼빈시 조선족 체육대회 행사장을 가보면 대부분 어르신들뿐이다. 해방 전 어린 나이에 부모를 따라 동북3성에 왔거나 그 무렵 이곳에서 태어난 분들이다. 조선족 집단거주지역인 동북3성의 2010년 기준 조선족 수는 약 87만 명으로 추산한다. 정확한 통계는 아직 없지만 20년 전보다 절반으로 줄은 수치다. 통상 동북3성 조선족 동포를 200만 명으로 어림잡아 왔다. 이마저도 실거주자로 계산하면 훨씬 적어진다. 옌볜자치주의 중심 도시인 옌지만 해도 조선족 수가 절반 이하다. 중국에서 소수민족 자치주를 유지하려면 전체 인구수의 30%

비율을 지켜야 한다. 그러나 최근 그 선이 무너질지 모른다는 우려가 나오기 시작했다. 자치주 지위를 잃게 될 수도 있다는 얘기다.

옌지 시내는 지금도 자치주 원칙에 따라 거리 이정표나 상점 간판 표기를 한글과 중국어 2개로 하는 등 조선족 냄새가 물씬 난다. 하지만 조금만 외곽으로 들어가면 마을 주민들이 대부분 타지로 나가는 바람에 마을공동체 자체가 와해된 곳이 많아지고 있다. 100년 전 이런저런 이유로 동북3성에 건너와 갖은 고생을 하며 일군 조선족 공동체가 소리 없이 소멸해 가고 있는 것이다. 하얼빈의 조선족 사회 역사를 봐도 그렇다. 러시아는 동북지역에 동청철도를 부설하면서 조선인 인부들을 고용했다. 그리고 그들이 모여 살면서 일군 그들만의 공동체는 오랜 세월을 지나 자리를 잡았고 중국 사회의 건강한 일원이 되었다.

하지만 그게 뒤집힌 것은 중국의 개혁개방정책이 출발한 1990년대부터다. 조선족들은 한국으로 칭다오青島로 떠났다. 무엇보다 궁핍을 해결해야 했기 때문이다. 구한말 조선에서 만주로 건너온 것이 제1의 대탈출이었다면 이때가 제2의 대탈출이다. 과거에는 항일독립운동 때문에, 기근을 못 견디어, 일제의 학정을 피해서 등 여러 이유가 있었지만 20년 전 대탈출은 오로지 풍요의 땅을 찾아 나선 것이었다. 특히, 한국으로 대거 건너가 현재 70만여 명의 조선족들이 공동체를 이루며 값싼 노동력을 제공하는 것으로 한국 사회에 큰 기여를 하고 있다. 다른 갈래는 칭다오 등 중국 연안지역으로의 이주다. 중국이 개방되면서 한국 기업들이 칭다오 등 해안도시로 진출하기 시작하자 칭다오의 한국 기업

수만큼 조선족들이 함께 터전을 잡고 정주定住하기 시작했다. 칭다오를 '제2의 옌지'라 부르는 이유다. 더러는 일본, 미국, 유럽 등지로 떠나기도 했다.

특히 여성들의 이주가 많다 보니 동북3성 조선족 사회에서 애 낳을 여자가 없다는 우스갯소리까지 나온다. 이러한 배경을 감안한다면 동북3성의 조선족 인구수 증가를 기대하기란 힘들다. 갈수록 조선족 인구수가 감소함에 따라 공동체 의식도 희미해질 것이라는 전망이 우세한데 실제로도 그러한 현상이 목격되고 있다.

여기서 아쉬운 대목은 한국 정부가 조선족들의 노동력을 받아들여 경제활력에 기여하는 데만 골몰했을 뿐 진정 동북지방 조선족 사회에 대한 긴 안목의 정책적 지원을 하나 큰 그림을 그리지 못했다는 점이다. 조선족들도 이 대목을 상당히 섭섭하게 여기고 있다. 일부에서는 이런 연유로 한국에 대한 정서적 유대감도 별로라는 반응을 보이기도 한다. 사실 조선족들은 과거 중국 개방 이전까지 북한말을 한국어로 배웠을 정도로 북한과 친근한 관계를 유지해 왔다. 아무래도 고향이 북한인 사람들도 많기 때문인지 남한 사람들보다 북한 사람들과 더 잘 통한다는 인식이 깊다.

북한 출신 조선족의 선조들은 과거 압록강이나 두만강을 건너 동북3성으로 건너왔다. 그리고 광복이 되면서 절반가량은 귀국했지만, 나머지 100여만 명은 남아 중국 내 소수민족으로 삶을 영위했다. 국적은 바꿀 수 있어도 핏줄은 변경할 수 없는 것처럼, 이들은 중국 국적자로서 한국어를 사용하며 한국 정서를 계승한 채 여전히 귀향 오디세이를 마음으로 그리며 살아가고 있다.

이들이 향후 남북관계 진전과 통일과정에서 큰 역할을 할 것이다. 한국 정부는 이 점을 유념하고 조선족 동포정책을 다시 구상할 필요가 있다. 이런 식으로 가다가는 한 세대를 그냥 지나버릴 것이고, 조선족 사회가 해체되는 건 시간문제다. 그렇게 된다면 그들과 우리의 민족의식, 민족문화에 대한 공통분모가 사라질지 모른다. 지금 자라나는 동포 세대들은 환경적으로 한국어를 익히기가 쉽지 않다. 어느 민족이든 언어를 잊으면 전통문화와 멀어진다. 그렇다면 이들에게 정기적인 한국어 연수 기회를 제공하는 것도 지원의 방법이 될 수 있다. 최근 조선족들이 이주해 새롭게 정착하고 있는 칭다오만 해도 국립조선족학교가 없다고 한다. 사설 학교들이야 있지만, 의미가 다르다. 또한 동북3성 내 조선족 인구 감소로 인해 오상 민락촌 소학교 등 폐교가 많아지고 있는데, 이를 다시 활용해 교육공간이나 소통공간으로 사용하는 것도 좋은 아이디어일 수 있다.

한국 정부는 한민족 포용정책을 내세우면서 정작 실천에는 고개를 돌리는 경우가 많았다. 조선족들 사이에서는 그들에게 최소한의 정치참여 기회인 해외 투표권이 없다 보니 냉대를 받을 수밖에 없다고 말하기까지 한다. 투표권이 있으면 관심을 두고, 없으면 내치는 정치적 계산이 부여된 정책으로 조선족 동포사회의 명맥을 지켜갈 수 없다. 동북3성은 무엇인가. 일제강점기 독립운동사에서 유격전이 벌어졌던 고난의 땅이다. 그 너른 만주 땅에 아직 한민족의 혼이 펄펄 살아 있다는 것은 우리 민족이 오랜 세월 동토를 일구며 살린 희망의 불씨이자 자부심이다. 중국은 지금 대변혁 중이다. 발전도 눈부시다. 이 점에서 새롭게 무장된 조선족 사회를 아우를 수 있는 따스한 정책과 접근이 절실하다. 같은 민족을 그냥 내치는 것은 잔인하고 바보 같은 짓 아닌가. 일부 조선족들이 한국 내에서 이런저런 불미스러운 일을 저지른 보도들이 있지만, 그것은 인간사 오만가지 일 중 일면에 불과한데다, 지엽적인 현상을 놓고 전체를 간과하는 우를 범할 순 없다.

제2의 3의 마국광 기자를 초청해 견학 기회도 주고 소통도 해야 한다. 무엇보다도 조선족들에게 자긍심을 심어주는 제반 노력이 중요하다. 조선족 3, 4세대들은 현재 사이에 애매하게 낀 세대라는 푸념을 종종 한다. 발전하는 중국 사회에 주류로 완전히 편입하기 힘들고 한국 사회에 동화하기도 어렵다. 정체성의 혼돈도 느끼고 있다. 비록 몸은 중국에 있으나 늘 한국인이라는 자부심과 긍지를 잃지 않도록 배려가 일상과 제도에서 동시에 진행되어야 할 것이다. 무엇보다 우리 편이라는 확신을 주어야 한다. 그들이 한국 사회와 한국인을 더 잘 이해하고 가까이 할 수 있는 여건을 조성하는 것도 통일준비다. 조선족들은 잠재적 통일 전사들이어야 한다. 그런 관점에서 한국 정부는 조선족 인적 자원을 새롭게 바라봐야 한다.

100년간 만주 땅에서 맨발로 일군 투혼과 성공 스토리는 그 자체로 값지다. 이는 통일의 밑거름이 될 수 있다. 생각해 보면 현재 동북3성의 조선족들은 다른 해외동포들과 차원이 다르다. 그들이 황무지 만주벌판을 일구어 마련한 동포거점은 그야말로 소중한 자산이다. 실제로 중국 정부 역시 조선족들의 만주벌판 개간 역사에 경의를 표하고 있다. 당시 버려진 땅 만주를 옥토沃土로 만든 장본인이 바로 조선족인 셈이다. 이들은 과거 조선시대에 권세를 누리거나 부를 향유하던 사람들이 아니었다. 그저 독립을 위해 일신의 영달을 꾀하지 않고 피를 흘리던 투사들이요, 쫓겨난 자들이요, 가난한 서민들이었다. 당시 국가가 제 역할과 책임을 다하지 못했기에 그렇게 된 것이다. 대한민국이 어엿하고 당당하다면 이제라도 이들을 껴안아야 한다. 만주벌판에 잠든, 잊힌 독립운동사를 재정리하며 민족의 유산을 바로 세우는 작업을 지속해야 한다.

말로만 민족의 웅대한 꿈을 열변하면서 진정 그 현장에 있는 동포들을 외면하는 이중적인 태도는 이제 청산해야 한다. 민족정기를 말하면서 행사 때마다 생색을 내고자 구색용으로 끼워 맞추는 조선족 정책만으로는 안 된다. 형식에 치우친 소통이나 배려는 반감만 키운다. 민주평통 해외지부 운영 수준의 동포정책으로는 어림도 없다. 시대에 맞는, 그들과 공감할 수 있는 쌍방향 소통 정책으로 지원에 나서야 한다. 늦었지만 그것 역시 광복 70년을 겪은 한반도가 통일을 위해 준비해야 하는 과제다.

젊은 조선족 세대들은 이전 아버지, 할아버지 세대보다 교육수준이 높고, 개방적이며 역동적이다. 지금 이들에 관한 실태조사를 실시해서 한국 정부가 접근 가능한 범위에서 정책적, 장기적으로 제대로 된 지원을 해야 한다. 동북3성에서 독립을 위해 몸 바치고 그곳에 영혼을 묻은 많은 선열의 뜻을 유지하는 작업이기도 하다. 이러한 만주정신을 통일을 향한 에너지로 승화시켜야 한다. 우리는 동북3성 만주벌판을 잊어서는 안 된다. 지난 광복 70주년의 요란한 행사에도 조선족의 존재는 그림자도 보이지 않는 듯해 씁쓸하기만 할 뿐이다.

탈북자 처리, 중국을 설득시켜라

유엔은 2014년 2월 북한인권조사위원회COI, Commission of Inquiry 보고서를 발간했다. 374페이지의 방대한 분량이다. 전 세계에 살고 있는 80여명의 탈북 주민들을 인터뷰해서 작성한 보고서로 당시 전 세계 언론의 주목을 받았다.

보고서는 북한 탈북자들이 "국제적인 보호를 받을 권리가 있음"을 명시하고 있다. 이어 "중국 당국은 체포된 북한 난민 정보를 북한 당국에 제공하는 것 같다"라는 점을 환기하고 있다. 또한 북한의 인도주의적 범죄와 김정은을 국제사법재판소ICJ, International Court of Justice에 세울 수 있음을 경고하고 있다. 특히, 중국이 인도주의에 반하는 범죄행위를 하고 있다고 명시하고 있는데, 그 대목은 다름 아닌 북한 탈북자들의 강제송환조치에 대한 압박이다.

중국 입장은 명료하다. 북한 탈북자들은 불법 경제적 이주자들로 난민이 아니라는 것이다. 왕이王毅 중국 외교부장은 "중국은 비이성적 비판을 수용할 수 없으며 인권문제를 정치 이슈화하는 것은 북한 인권 개선증진에 건설적이지 못하다"고 말했다. 중국의 이런 탈북자에 대한 입장은 당분간 변할 것 같지 않다. 그렇다면 이 문제를 어떻게 풀어야 할 것인가.

『2013 통일백서』는 이렇게 적고 있다. "정부는 북한 이탈주민이 분단으로 인해 고통 받는 분단 이재민 중 하나라고 보고 본인의 자유의사에 따라 대한민국의 보호와 지원을 희망하는 경우 이들을 전원 받아들이는 원칙을 견지해오고 있다." 이러한 문서상의 원칙은 현실에서 충돌하고 있다. 중국이 탈북자 강제송환원칙을 고수하고 있는 것이 첫 번째 장애요인이다. 중국 입장에서 탈북자 문제는 일차적 관심영역이 아니다. 왕 외교부장은 3월 8일 베이징 기자회견에서 이런 표현을 사용했다. "한반도에서 전쟁 등 불안정성을 절대 허용할 수 없다는 '레드라인 red line'을 꼭 지켜야 할 것"이라고 강조하면서 "한반도 내 불안정성을 허용할 수 없다는 것은 남북한 및 이 지역 각국의 공통된 이익과도 완전히 부합한다"고 밝혔다.

또한 왕 외교부장은 "한반도 문제를 다루는 최선의 방법은 은유적으로 표현하자면 3단계로 설명할 수 있다"면서 "언덕을 오르고, 장애물을 극복하며, 바른 길로 걸어 나가는 것"이라고 제시했다. 그는 "가장 먼저 우리는 비핵화라는 언덕을 올라야 한다"면서 "핵 이슈 등 중요한 난제는 오직 비핵화를 통해 이뤄질 수 있다. 그래야 한반도가 진정으로 평화를 지속할 수 있다"고 밝혔다.

이러한 첨예한 갈등 속에서도 '북한의 인권 개선'이라는 주제는 무시되었다. 중국이 탈북자들을 현재와 같이 북한으로 강제송환한다면 대량 탈북사태가 발생하는 순간 상당한 문제가 돌출될 것이다. 중국을 경유할 수많은 탈북자들에게 중국이 물리력을 행사한다면 예기치 못한 사태가 우려되고 이는 한국 정부와의 외교적 문제로도 비화飛火할 것이다.

무엇보다 중국의 입장을 변화시키는 것이 중요하다. 한국은 탈북자를 자국민으로 인식하지 않는 소극적인 경향을 보여 왔다. 일전 라오스에서 학생들이 강제소환되었을 때도 한국 정부는 자국민을 위한 외교력을 발휘하지 못했다. 이런 미적지근한 태도로 향후 탈북문제를 극복할 수 없다. 중국을 자극하지 않는 것이 상책은 아니다.

중국의 입장이 확인된 만큼 한국 정부도 확실한 입장을 갖고 협상에 임해야 한다. 대량 탈북으로 인한 부담 등이 중국의 문제라면 탈북자의 범위를 정하고 선별해서 경제적 난민보다는 정치적 및 여타 합당한 이유의 자격이 부여되는 탈북자만 받아주는 심사제도의 강화도 생각해볼 수 있다. 대량 탈북으로 중국에 미칠 부담을 한국 정부가 일부 떠맡는 제의도 가능할 것이다.

혹은 중국에 인센티브를 주는 방안도 고려해볼 만하다. 대신 중국이 북한에 대해 모종의 긍정적인 조치를 취해 주어야 한다. 무엇보다 북핵문제가 가장 큰 걸림돌인데 이를 상쇄할 만한 대규모 '마샬플랜Marshall Plan' 등 안전보장 합의도 필요해 보인다. 이를테면 경제적 지원과 외교적 데탕트Détente의 딜Deal인 셈이다. 유럽을 벤치마킹한 북한판 안보협력 기구랄까? 유엔을 통한 국제사회에서의 여론 환기와 중재협의 노력도 지속해야 한다. 이러한 기조의 점진적인 합의를 해나가지 않는 상황에서 어느 날 갑자기 급변사태를 맞는다면 중국은 탈북자 처리 문제를 협상 지렛대로 활용할 가능성이 크다.

탈북자의 국내 정착제도는 별도로 준비하고 진행해 나가야겠지만, 무엇보다 탈북자들을 데려올 수 있는 환경조성이 시급하다. 탈북자들이 막대한 경비와 죽음을 무릅쓰고 탈북 경로를 찾는 악순환을 멈추게 하는 것도 한국 입장에서 인도적 지원이다. 탈북 상황에서 도움을 요청하면 이유 불문하고 적극적인 도움으로 한국으로 데려오겠다는 강한 의지와 실천을 보여주어야 한다. 그것이 궁극적으로 북한 주민들에게 '한국이 우리가 의지하고 살 만한 나라'라는 신뢰를 심어주게 되는 방법이고 이는 곧 한국을 지지하는 힘이 되는 것이다. 그렇지 않고 탈북자를 남 대하듯이 처리하는 태도를 지속한다면 북한 주민들은 한국에 대한 부정적인 인식을 가질 수밖에 없다. 탈북자 문제는 사실 통일준비의 초석이다. 통일준비는 여러 방면으로 진행해야 한다. 탈북자 문제를 제대로 처리하지 못하면 통일준비는 사실상 도상훈련으로 전락할 가능성이 크다. 탈북자 문제 처리는 실제 통일준비다.

독일 통일의 경험에서 볼 때, 동독 주민들이 여행의 자유를 외치면서 프라하 등 서독대사관으로 난입해 들어가 서독행을 요구하자 서독은 이들을 자국민으로 규정하고 즉각 협상을 거쳐 데려왔다. 사실상 이들 동독 난민들이 독일 통일의 물꼬를 튼 것이다. 텔레비전으로 협상 과정을 지켜보던 다른 동독 주민들은 즉시 서독행 물결에 합류했다. 이는 동독과 서독 각 정권에게 거대한 압박이었고 동독 정권을 붕괴시킨 강력한 한 방이었다. 난민들을 실은 기차가 서독 국경에 도착하는 모습이 텔레비전으로 중계되면서 독일 통일에 대한 강력한 에너지가 결집한 것이다. 그와 동시에 동독 난민의 서독행 물결은 동독 민주화 집회의 광장을 조성했으며, 결국 베를린장벽을 무너뜨렸다. 서독은 헌법인 기본법에 난민을 자국민으로 규정해 놓았기 때문에 가능한 일이었다.

이제라도 한국 정부는 탈북자 문제를 새로운 인식과 시각으로 접근해 자국민에게 믿음을 보여 주어야 한다. 북한 주민들이 불신하고 외면하는 대한민국이 되면 곤란하다. 역시 한국은 자유와 희망의 나라라는 인식을 탈북자 문제를 처리하는 것으로 먼저 보여 주어야 한다. 통일이 된다면 분명 일정 북한 주민들은 남으로 이주할 것이다. 그들이 미리 이주한다고 보면 현재 안고 있는 탈북자 문제는 그리 큰 골칫거리도 아니다. 탈북자의 입국을 반기지 않고 사회복지에 부담된다는 측면만 강조하다 보면 큰 물줄기를 놓칠 수 있다는 점을 명심해야 한다.

중국이 탈북자 강제송환정책을 견지하고 국경감시를 강화하면서 탈북자의 한국 입국도 줄었다. 매년 약 2,000명이 넘던 입국 탈북자 수가 2015년 150명 선으로 내려앉았다. 강경정책의 결과다. 중국이 탈북자에 대한 인도적 해결의 열쇠를 쥐고 있다는 증거다. 그 점에서 끝없는 대화를 통해 중국을 설득하고 이해시켜야 한다.

북중 국경이 접하는 지정학적 숙명이다. 어차피 중국을 경유하는 탈북자 문제는 해결이 불가피하다. 인내를 갖고 중국을 설득하고, 또 설득하자. 지금이야말로 대對중국 통일외교가 절실한 시점이다.

참고도서

강주원. 『나는 매일 국경을 허물고 짓는다』, 글항아리, 2013.

박지원 저·김혈조 역. 『열하일기 1』, 돌베개, 2013.

송복. 『류성룡, 나라를 다시 만들 때가 되었나이다』, 시루, 2013.

유득공 저·송기호 역. 『발해고』, 홍익출판사, 2000.

이옥희. 『북·중 접경지역』, 푸른길, 2011.

통일부. 『통일백서』, 통일부, 2013.